T0158030

Printed in the United States
By Bookmasters

التفكير الابتكاري والإبداعي
طريقك إلى التميز والنجاح

بسم الله الرحمن الرحيم

" وعلمك ما لم تكن تعلم وكان فضل الله عليك عظيما (113)"

(النساء: 113)

صدق الله العظيم

عن بريدة س قال: قال رسول الله ﷺ:

«اللهم، اجعلني شكوراً، واجعلني صبوراً، واجعلني في عيني صغيراً، وفي أعين الناس كبيراً».

صدق رسول الله ﷺ

رواه البزار

التفكير الابتكاري والإبداعي
طريقك إلى التميز والنجاح

تأليف

دكـتور/ مدحت محمد أبو النصر

أستاذ تنمية وتنظيم المجتمع بجامعة حلــوان

دكتوراه من جامعة Wales ببريطانيا

أستاذ زائر بجامعة .C.W.R بأمريكا

أستاذ معار بجامعة الإمارات العربية المتحدة (سابقاً)

رئيس قسم العلوم الإنسانية بكلية شرطة دبي (سابقاً)

الناشر

المجموعة العربية للتدريب والنشر

Arab group

2012

فهرسة أثناء النشر إعداد إدارة الشئون الفنية - دار الكتب المصرية
أبو النصر، مدحت محمد
التفكير الابتكاري والإبداعي طريقك إلى التميز والنجاح
ط1 ـ القاهرة: المجموعة العربية للتدريب والنشر
194 ص : 24x17 سم.
الترقيم الدولي : 3-32-6298-977-978
1- التفكير أـ العنوان
ديوي: 153,42 رقم الإيداع : 2011/9981

الطبعة الأولى
2012

الناشر
المجموعة العربية للتدريب والنشر
8 أ شارع أحمد فخري - مدينة نصر - القاهرة - مصر
تليفاكس: 22759945 - 22739110 (00202)
الموقع الإلكتروني: www.arabgroup.net.eg
E-mail: info@arabgroup.net.eg
elarabgroup@yahoo.com

الإهداء

إلى أمي الحبيبة
أطال اللـه عمرها

إلى روح أبي الطاهرى
رحمه اللـه

أهدي لهما بعض غرسهما

المحتويات

المحتويات

المحتويات

المقدمة

على الرغم من أن الابتكار والإبداع والاختراع يمثل حقيقة الوجود الحضاري للإنسان منذ أن خلقه الـلـه على هذه الأرض، إلا أن بحث هذه الموضوعات بالشكل العلمي جاء متأخراً إلى حد كبير.

والقدرة على الابتكار والإبداع والاختراع نعمة من نعم الـلـه، وهبها الـلـه سبحانه لنا جميعاً. إنها قدرات عقلية مهمة نولد بها، وإن كانت بدرجات متفاوتة لدى كل منا.

إن الابتكار والإبداع والاختراع ظاهرة إنسانية عامة وليست ظاهرة خاصة بأحد، فهو ليس حكراً على الخبراء والعلماء والأخصائيين وأساتذة الجامعة والباحثين والمتعلمين.

والابتكار والإبداع والاختراع هو استعداد فطري لدى الأشخاص ينمى بالتدريب وتعلم المهارات والتعليم، وليس هناك مستحيل في تحقيق الأشياء.. فالإنسان وصل إلى القمر والمريخ عندما أراد ذلك وأصر عليه، مع أن ذلك كان حلماً مستحيلاً منذ سنوات عدة مضت.

ويعد الابتكار والإبداع والاختراع من أهم القدرات التي يجب أن تحظى بالاهتمام والعناية والرعاية، لأن المبتكرين والمبدعين والمخترعين هم الذين غيروا وجه التاريخ والعالم، وهم ثروة بشرية نادرة، وعنصر أساسي لتقدم أي أمة.

ويهدف الكتاب الحالي إلى إلقاء الضوء على مفهوم التفكير الابتكاري والإبداعي وخصائصه ومراحله والعوامل المشجعة والمعوقة له.

كذلك يهدف الكتاب إلى رصد أساليب تنمية التفكير الابتكاري والإبداعي سواء على مستوى الفرد أو المنظمة.

ويعرض الكتاب أيضاً لصفات الشخصية الابتكارية / المبدعة، ولصفات المنظمات الابتكارية / المبدعة. كذلك تحدث الكتاب عن أشهر المخترعين وأعظم المخترعات.

وفي نهاية الكتاب تم توفير عدد من الاستقصاءات المرتبطة بموضوعات الكتاب لمساعدة القارئ على أن يتعرف على نفسه بنفسه واكتشاف القدرات الخاصة لديه بحثاً عن التميز والجودة والنجاح في الحياة والعمل.

ولقد تكون الكتاب من إحدى عشر فصلاً هي كالتالي:

الفصل الأول	:	ماهية الابتكار/ الإبداع.
الفصل الثاني	:	مراحل عملية التفكير الابتكاري والإبداعي.
الفصل الثالث	:	العوامل المعوقة للتفكير الابتكاري والإبداعي.
الفصل الرابع	:	العوامل المشجعة للتفكير الابتكاري والإبداعي.
الفصل الخامس	:	الشخصية الابتكارية / المبدعة.
الفصل السادس	:	المنظمة الابتكارية / المبدعة.
الفصل السابع	:	وسائل تنمية التفكير الابتكاري والإبداعي لدى الفرد.
الفصل الثامن	:	أساليب تنمية التفكير الابتكاري والإبداعي لدى العاملين بالمنظمة.
الفصل التاسع	:	أساليب أخرى لتنمية التفكير الابتكاري والإبداعي لدى العاملين بالمنظمة.
الفصل العاشر	:	أشهر المخترعين وأعظم المخترعات.

الفصل الحادي عشر: استقصاءات عن التفكير الابتكاري والإبداعي.

هذا ويمكن استخدام الكتاب لأغراض عدة مثل:

1- التعلم الذاتي والدراسة الفردية: فلقد تم تصميم الكتاب ليمكنك من تعليم نفسك بنفسك.

2- البرامج التدريبية: يمكن استخدام الكتاب كملف تدريبي يتم توزيعه على المتدربين في برنامج تدريبي يدور حول موضوع الكتاب.

3- التدريب عن بعد: يمكن إرسال الكتاب إلى هؤلاء الذين لا يتمكنون من حضور البرامج التدريبية.

4- البحوث العلمية: يستطيع الباحثين في مجالات علم الإدارة وعلم النفس الإداري وعلم اجتماع المنظمات ومهنة الخدمة الاجتماعية.. استخدام الكتاب كمرجع في بحوثهم النظرية والميدانية.

هذا ولقد تم استخدام حوالي 88 مرجعاً عربياً و 37 مرجعاً أجنبياً في إعداد هذا الكتاب - ما بين كتاب وبحث ومقال وترجمة ومؤتمر، هذا بالإضافة إلى عرض بعض الجداول والأشكال التوضيحية لتبسيط وشرح موضوعات الكتاب.

أخيراً ندعو الله العلي القدير أن يستفيد من هذا الكتاب كل من اهتم بقراءته. والمؤلف يشكر الله سبحانه وتعالى على توفيقه في إعداد هذا الكتاب، الذي هو حصيلة سنوات طويلة من الدراسة والقراءة والاستفادة من خبرات الآخرين والمشاركة كمدرب في العديد من البرامج التدريبية المتعلقة بموضوع التفكير الابتكاري والإبداعي بصفة عامة وفي المنظمات بصفة خاصة.

وبالله التوفيق،،

المؤلف

أ.د. مدحت محمد أبو النصر

القاهرة: 2008

الفصل الأول

ماهية الابتكار / الإبداع

أشتمل هذا الفصل على:

- مقدمـــة
- تعريف التفكير الابتكاري / الإبداعي
- أنواع الابتكار

مقدمـــة:

أصبح الاهتمام بالابتكار Innovation ضرورة تحتمها طبيعة العصر الحديث. ويرجع ذلك إلى أهمية الابتكار في كل مجالات الحياة، وإلى دور المبتكرين في تغيير التاريخ وإعادة تشكيل العالم أو الواقع. وتتنافس الدول المتقدمة فيما بينها لتشجيع الابتكار ورعاية المبتكرين، بينما الجهود المبذولة في الدول النامية (ومنها الدول العربية) في هذا المجال ما تزال قليلة ومحدودة.

ويرى كيم ووشونج، أن الإبداع Creativity قد لعب دوراً بارزاً في تاريخ الجنس البشري حيث أنه يبدأ بإصرار المبدع على تحطيم الحقيقة المعاصرة بتقديم شيء جديد، وأن معظم الابتكارات تقوم على أفكار بسيطة، وإنني أؤكد على أن المبدعين هم الذين يصنعون التاريخ ويحافظون على العلم في حركة دائمة لأن القدرة على الإبداع هي إحدى القدرات العقلية المهمة التي نولد بها ولدينا درجات متفاوتة منها، وهي من أهم القدرات التي يجب أن تحظى بالعناية والرعاية والاهتمام، لأن المبدعين هم الذين غيروا وجه العالم ولا يوجد مجتمع إنساني حقق تقدماً وازدهاراً في ميادين أنشطته المختلفة وتعامل بكفاءة واقتدار مع مشكلاته وموارده إلا بفضل مبدعيه.

وعلى الرغم من أن الابتكار يمثل حقيقة الوجود الحضاري للإنسان منذ أن خلقه الـلـه على هذه الأرض، إلا أن بحث الظاهرة الابتكارية بالشكل العلمي جاء متأخراً إلى حد كبير.

والابتكار لغوياً مرادف للإبداع والتفوق والتميز واستحداث أساليب وعلاقات جديدة بدلاً من القديمة أو المتعارف عليها.

والإبداع لغوياً من الفعل بدعه.. بدعاً أي أنشأه على غير مثال سابق.

ولقد وردت كلمة الإبداع ومشتقاتها في أربعة مواضع في القرآن الكريم، هي كالتالي:

قال الله تعالى:

1- "بديع السماوات والأرض وإذا قضى أمرا فإنما يقول له كن فيكون (117) "(البقرة: 117)

2- "بديع السماوات والأرض أنى يكون له ولد ولم تكن له صاحبة وخلق كل شيء وهو بكل شيء عليم (101) " الأنعام: 101).

3- "قل ما كنت بدعا من الرسل وما أدري ما يفعل بي ولا بكم إن أتبع إلا ما يوحى إلي وما أنا إلا نذير مبين (9)" (الأحقاف: 9).

4- "ثم قفينا على آثارهم برسلنا وقفينا بعيسى ابن مريم وآتيناه الإنجيل وجعلنا في قلوب الذين اتبعوه رأفة ورحمة ورهبانية ابتدعوها ما كتبناها عليهم إلا ابتغاء رضوان اللـه" (الحديد: 27).

وبصفة عامة فإن مصطلح الإبداع يستخدم في المجالات الفنية (مثل الرسم والنحت والموسيقى والسينما والمسرح والقصة...)، أما مصطلح الاختراع Invention فيطلق على التفكير الابتكاري في المجالات المادية والتكنولوجية (مثل اختراع ماكينة جديدة أو جهاز جديد أو سيارة جديدة) كذلك يشمل الاختراع إدخال تطوير رئيسي على الأشياء المادية لتحسين أدائها أو زيادة سرعتها أو تصغير حجمها... (مثل: التطوير المستمر الذي يحدث في السيارات والطائرات والآلات والأجهزة المنزلية والحواسب الآلية...).

ويسعى الشخص المبتكر إلى الوصول إلى إنتاج (علمي أو أدبي أو فني أو مادي) يتميز بالجدية والأصالة والملاءمة لحل مشكلة تواجهه.

يقول إلكسندر روشكا أن الابتكار عملية معقدة جداً، ذات وجوه وأبعاد متعددة. ولهذا يبدو من الصعب الوصول إلى تعريف له، محدد ومتفق عليه.

تعريف التفكير الابتكاري والإبداعي

لقد اختلف العلماء والباحثون في تعريف الابتكار والإبداع، ويرجع اختلافهم لعدة أسباب أهمها: أن عملية الابتكار والإبداع عملية معقدة جداً، ذات وجوه متعددة، الاختلاف في طبيعة المعايير المستخدمة في تحديد هذين المفهومين، والاختلاف في الطرق المستخدمة في دراستهما...

ومن التعريفات الأجنبية المتاحة عن الابتكار نذكر الآتي:

- يعرف تورانس Torrance التفكير الابتكاري بأنه عملية الإحساس بالمشكلات والثغرات في المعلومات والعناصر المفقودة، ثم إنتاج أكبر قدر من الأفكار الحرة حولها، ثم تقييم هذه الأفكار، واختيار أكثرها ملاءمة، ثم وضع الفكرة الرئيسية موضع التنفيذ وعرضها على الآخرين.

- ويرى جيفلورد Guilford أن الابتكار هو تفكير تغييري. كما يذكر شتاين Stein بأن الابتكار هو العملية التي ينتج عنها عمل جديد مقبول أو ذو فائدة أو مُرضي لدى مجموعة من الناس.

- ويعرف روجرز Rogers الابتكار بأنه ظهور إنتاج جديد ناتج عن تفاعل بين الفرد ومادة الخبرة.

- كذلك يعرف كل من جيمس James وإيفانس Evans الابتكار بأنه القدرة على اكتشاف علاقات جديدة وتشكيل مفاهيم جديدة من مفهومين أو أكثر موجودين قبل ذلك في العقل، فكل ابتكار يعتبر دمجاً جديداً للأفكار، المنتجات، الألوان، الكلمات وما إلى ذلك، ويؤدي الإبداع إلى اكتشافات علمية ومنتجات ابتكارية جديدة وكل منها تحقق رضا لبعض احتياجات العنصر البشري.

- وترى إيلين يرس Ellen Yers أن الابتكار هو القدرة على تجنب الروتين العادي والطرق التقليدية في التفكير مع إنتاج أصيل وجديد وغير شائع يمكن تنفيذه أو تحقيقه.

• وتعرف أنا كرافت Anna Craft الابتكار بأنه طريقة غير تقليدية في التفكير والعمل والمعرفة.

ومن التعريفات العربية المتاحة عن الابتكار نذكر الآتي:

• يعرف محمد المفتي (1995) الابتكار بأنه عملية لها مراحل متتابعة تهدف إلى إنتاج يتمثل في إصدار حلول متعددة تتسم بالتنوع والجدة وذلك في ظل مناخ داعم يسود الاتساق والتآلف بين مكوناته.

• ويرى منير كامل (1996) أن التفكير الابتكاري هو الأسلوب الذي يستخدمه الفرد في إنتاج أكبر عدد من الأفكار حول المشكلة التي يتعرض لها (الطلاقة الفكرية)، وتتصف هذه الأفكار بالتنوع والاختلاف (المرونة) وعدم التكرار أو الشيوع (الأصالة).

• ويعرف فتحي جروان (1999) الابتكار بأنه نشاط عقلي مركب وهادف توجهه رغبة قوية في البحث عن حلول أو التوصل إلى نواتج أصيلة لم تكن معروفة سابقاً. ويتميز التفكير الإبداعي بالشمولية والتعقيد ـ فهو من المستوى الأعلى المعقد من التفكير ـ لأنه ينطوي على عناصر معرفية وانفعالية وأخلاقية متداخلة تشكل حالة ذهنية فريدة.

• ويمكن أن نعرف الابتكار بأنه قدرة عقلية، يحاول فيها الإنسان أن ينتج (فكرة، وسيلة، أداة، طريقة،...) لم تكن موجودة من قبل، أو تطوير رئيسي لها دون تقليد، بما يحقق نفعاً للمجتمع.

وفي ضوء هذا التعريف يمكن تحديد ثلاثة أبعاد للتفكير الابتكاري:

• البعد الأول هو العملية العقلية Mental Process التي تتطلبها هذه القدرة.
• البعد الثاني هو مضمون هذه القدرة Content.
• البعد الثالث هو الناتج الظاهر لهذه القدرة Product.

ولقد أثبتت الدراسات أن الابتكار استعداد فطري لدى الأشخاص ينمي بالتعليم والتدريب وتعلم المهارات واكتساب الخبرات.

وليس هناك مستحيل في تحقيق الأشياء.. فالإنسان وصل إلى القمر وإلى المريخ عندما أراد ذلك وأصر عليه، مع أن ذلك كان حلماً مستحيلاً منذ سنوات عدة مضت.

عوامل أساسية للقدرة الابتكارية / الإبداعية

تشير معظم الدراسات وخاصة التي قام بها جيلفورد Gailford ومورينو Moreno وتورنس Torrance إلى العوامل التالية والتي تعتبر أساسية للقدرة الابتكارية:

1- **الطلاقة Fluency:**

- القدرة على إنتاج أكبر عدد من الأفكار الإبداعية.
- القدرة على سيولة الأفكار وسهولة توليدها.

2- **المرونة Flexibility:**

- القدرة على إنتاج عدد متنوع من الأفكار.
- القدرة على تغيير الحالة الذهنية بتغيير المواقف.
- القدرة على تقديم أفكار حول استجابات لا تنتمي لفئة واحدة أو مظهر واحد.

ومن أشكال المرونة:

أ ـ المرونة التلقائية: بمعنى الانتقال من فكرة إلى أخرى بسرعة وسهولة.

ب ـ المرونة التكيفية: بمعنى القيام بسلوك ناجح عن طريق التغيير لمواجهة مشكلة ما.

3- **الحساسية للمشكلات Sensitivity:**

- القدرة على الإحساس المرهف ورؤية الكثير من المشكلات في الوقت الواحد.

4ـ الأصالة Geniunity:

- القدرة على إنتاج أفكار غير عادية.
- التفكير الأصيل الذي لا يكرر أفكار المحيطين به أو يقلدهم.

5ـ الاحتفاظ بالاتجاه ومواصلته Direction:

- القدرة على الاحتفاظ بالاتجاه دون تشتت الإسهامات.

هذا ويمكن إضافة خصائص أخرى، هي كالتالي:

1- التخيل.

2- العناد العلمي.

3- القدرة على التفكير.

4- الإتقان.

تذكر

خصائص التفكير الابتكاري / الإبداعي

1- الطلاقة.

2- المرونة.

3- الحساسية للمشكلات والتفاعل مع الواقع.

4- الأصالة.

5- الاحتفاظ بالاتجاه ومواصلته.

6- التخيل.

7- العناد العلمي.

8- القدرة على التقييم.

9- الإتقـان.

الابتكار والإبداع حاجة إنسانية هامة

تعريف الحاجات:

الحاجة Need لفظ للإعراب عما يفتقر إليه الكائن الحي. وهناك محاولات عديدة وضعت لتعريف الحاجة، إلا أنها مهما اختلفت ألفاظها تدور حول معنى عام مؤداه أن الحاجة هي «كل ما يحتاجه ويتطلبه الفرد من أجل الحفاظ على صحته وحياته وإشباع رغباته المتنوعة، وتوفير ما هو مفيد لتطوره ونموه» فالحاجة إذا هي: «وضع طبيعي وميل فطري يدفع الإنسان إلى تحقيق غاية ما داخلية أو خارجية شعورية أو لا شعورية».

وبمعنى آخر فإن الحاجة كما عرفها ميشيل مان Michael Mann هي: «رغبة أو مطلب أساسي لدى الفرد يريد أن يحققه لكي يحافظ على بقائه وتفاعله مع المجتمع وقيامه بأدواره الاجتماعية».

وإذا لم تشبع الحاجة يحدث نوع من الاضطراب والاختلال الفسيولوجي أو النفسي أو الاجتماعي بالنسبة للفرد يدفعه للقيام بعمل ما لإشباع هذه الحاجة.

ولذلك يعرف البعض الحاجة بأنها: حالة من عدم الإشباع يشعر بها فرد معين، وتدفعه إلى العمل من أجل بلوغ هدف يعتقد أنه سوف يحقق له إشباعاً ينهي حالة التوتر وحالة عدم الإشباع التي يمر بها. وليس من الضروري أن ينطوي إشباع الحاجة على بقاء الفرد أو المحافظة على حياته ووجوده، فقد يشعر الإنسان بالرغبة في شيء أو الحاجة والافتقار إلى شيء معين قد يكون في إشباعها أذى وضرر له.

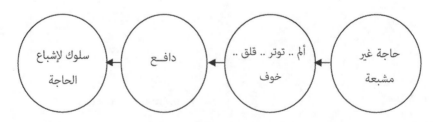

شكل رقم (1)
الحاجة كدافع للسلوك

وهناك من التعريفات ما يوضح العلاقة بين الحاجات والموارد Resources في المجتمع. مثل هذه التعاريف ترى أن الحاجات الإنسانية تشير إلى تلك الموارد التي يحتاجها الناس كأفراد من أجل المحافظة على الحياة والاستمرار فيها ومن أجل التمكن من الأداء الاجتماعي المناسب في المجتمع.

وقد أشارت كل النظريات التي اهتمت بدراسة حاجات الإنسان بهدف التعرف عليها وتحديدها وترتيبها حسب أهميتها ورصد خصائصها، إلى أن الابتكار إحدى الحاجات الهامة لدى الإنسان وتدخل ضمن الحاجة إلى تحقيق الذات Self Actualization Need وذلك كما أشار ماسلو Maslow في رسمه لهرم الحاجات الإنسانية.

بينما يرى كل من جونسون وشوارتز Johnson & Sehewartz أن الحاجة إلى الابتكار تعتبر ضمن الحاجات العقلية Mental Needs للإنسان فكما أن الإنسان له حاجات جسمية ونفسية فإن له حاجات عقلية مثل: الحاجة إلى الفهم والمعرفة والحاجة إلى تنمية القدرات الابتكارية لديه.

وسائل إشباع الحاجات

هناك وسائل عديدة ومتنوعة لإشباع الحاجات، تختلف من شخص لآخر ومن مرحلة نمو لأخرى، ومن ثقافة لأخرى، ومن مجتمع لآخر، ومن زمن لآخر.

أيضاً هذه الوسائل قد تكون مشروعة (مثل: الاجتهاد والمثابرة والسعي والعمل..) أو غير مشروعة (مثل: السرقة والعدوان وخيانة الأمانة والغش والزنا..).

ولكل حاجة وسيلة أو أكثر لإشباعها، قد تختلف من حاجة إلى أخرى، فالحاجات الفسيولوجية يتم إشباعها عن طريق الأجور ونظم التأمينات الاجتماعية والضمان الاجتماعي والزواج وخدمات الإسكان.. والحاجة إلى الأمن والأمان يتم إشباعها من خلال وجود فرصة العمل وتكوين الأسرة وإنجاب الأبناء والادخار والتأمين على السيارة والمنزل ومراعاة نظم الأمن والسلامة ضد الحريق وضد السرقة وخدمات المعاش بعد سن الستين، وما تقوم به الشرطة من حفظ للأمن في البلاد.

والحاجات العقلية ومنها الحاجة إلى تنمية القدرات الابتكارية يتم إشباعها بالقراءة المنتظمة والملاحظة الواعية والتفاعل مع الآخرين والحساسية بالمشكلات وعدم الانفصال عن الواقع والسفر والدورات التدريبية...

أنواع الابتكار

حدد علي محمد عبد الوهاب وآخرون أربعة أنواع للابتكار قد يستخدم الشخص المبتكر إحدى هذه الأنواع أو اثنتين منها أو أكثر، هي كالتالي:

1- الإبداع التعبيري:

والذي يعني التلقائية والحرية والطريقة الخاصة التي يتميز بها شخص معين في عمل شيء ما أو مزاولة مهنة أو ممارسة فن من الفنون. فترى هذا الرسام ينتج لوحته الفنية بطريقة معينة، وهذا اللاعب يعالج الكرة بطريقة متميزة.

2- الإبداع الفني:

ويتمثل في إنتاج سلعة معينة، والخصائص التي توجد فيها والمزايا التي تتضمنها، والوظائف التي تؤديها، والحاجات التي تشبعها. أنظر إلى السيارات اليابانية الآن، بعد أن ثبت اليابانيون أقدامهم واكتسبوا شهرة الجودة وكفاءة الأداء، وجهوا اهتمامهم لشكل السيارة ومظهرها وجاذبيتها.

3- الاختراع:

ويعني إنشاء شيء أصيل جديد، لم يكن موجودا من قبل. ورغم أن عناصره والأجزاء التي يتكون منها موجودة. إلا أن هناك نسقاً مختلفاً يضم هذه الأجزاء فيجعلها تأخذ شكلاً جديداً وتؤدي مهمة متميزة. والمثال الآن هو الروبوت، ومن قبله الكمبيوتر، ومن قبلها اختراع العجلة والقاطرة والكهرباء والطائرة.. وغيرها مما يزخر به عالمنا الحديث.

4- **الإبداع المركب:**

ويعبر عن تجميع غير عادي بين الأشياء، فيأخذ الشخص أفكاراً مختلفة ويضعها في نموذج واحد. فعندما يتعرف الباحث على المبادئ والفرضيات والأسس التي تقوم عليها حقول معينة للعلوم والفنون، ويربط بين هذه المبادئ والأسس ويتوصل لشيء جديد، فإنه يحقق إبداعاً معيناً يستفاد به. مثل مفهوم السيرناتيكية في الأنظمة البيولوجية والإلكترونية، والذي يستخدم في الإدارة عند النظر إلى وظيفة التغذية العكسية للمنظمات باعتبارها أنظمة مفتوحة.

الابتكار والإبداع في العملية الإدارية

يشير عارف السويدي إلى أن التغيرات الجديدة على الحياة البشرية، ومتطلباتها المتجددة والمتسارعة تحتم على إدارات اليوم مواكبة هذا التغير والتجدد الحياتي بفعل الحجم المذهل لثورة المعلومات والتقنيات الحديثة، كما يحتم عليها تغيير أدوارها وأهدافها وتطوير مقدراتها لصنع موظفين مبدعين قادرين على استلام دفة التغيير في مجتمع وأمة تنتظر منهم الكثير، بشرط أن تدعم هذه الإدارات دعماً موازياً ومتساوياً مع طموحات هذا المجتمع والأمة عامة، إنها طموحة لابد أن تمارسها إدارة اليوم، أدوار تهتم بتهيئة الموظفين لتحقيق طاقاتهم الداخلية، وتأهيلهم لأدوار التجديد، تجديد الواقع على كل مستوياته فكراً ومعرفة ومهارة وتحد....

لم يعد مقبولاً أن تظل الإدارة اليوم مكاناً لإخماد الطاقات الإبداعية، والمحافظة على أوضاع قديمة جامدة لا تخرج مبدعين متمكنين من قيادة وصناعة الحياة....

هناك إدارات حققت التميز والإبداع لوجود العنصر البشري المتميز فيها، وهناك برامج تميزت، ومشاريع فازت ونجحت، كل ذلك النجاح تقف خلفه قيادة إدارية متميزة في إدارة الإبداع.

وفي ضوء ما سبق يمكن تقسيم الإدارة إلى نوعين هما: إدارة غير مبدعة (تقليدية) وإدارة مبدعة (غير تقليدية).

الإدارة المبدعة	الإدارة غير المبدعة
No clear rules-these emerge over time high tolerance for ambiguity. ليس هناك قواعد واضحة ـ وهذه انبثقت يوماً بعد يوم من الاحتمالية العالية للغموض.	Operates within mental framework based on clear and accepted set of rules of the game. تعمل في إطار عقلي مبني على موقف واضح ومقبول من قواعد اللعبة.
Path independent, emergent, probe and learn. طريق مستقل، جديد، ابحث وتعلم.	Strategies path dependent. استراتيجيات غير مستقلة.
Fuzzy, emergent selection environment خيارات بيئية جديدة ومشوشة.	Clear selection environment. خيارات بيئية واضحة.
Risk taking, multiple parallel bets, tolerance of (fast) failure. تبني المخاطر، رهانات متنوعة متوازية، احتمالية للفشل السريع.	Selection and resource allocation linked to clear trajectories and criteria for fit. مواقع اختيار وموارد مرتبطة مع مسارات واضحة ومعايير مناسبة.
Operating patterns emergent and "fuzzy". عمليات نماذج منبثقة ومشوشة.	Operating routines refined and stable. عمليات روتينية مكررة وثابتة.
Weak ties and peripheral vision important. حزم ضعيف ورؤية خارجية للأشياء المهمة.	Strong ties and knowledge flows along clear channels حزم قوي ومعرفة تتدفق في قنوات واضحة.

خرافات حول القدرة الابتكارية والإبداعية

Myths about creativity

Myth (1)

Creative means imaging or doing things completely new

خرافة (1)

القدرة الابتكارية تعني التفكير بأشياء جديدة بالكامل.

Myth (2)	**خرافة (2)**
Experts, only, can create anything meaningful.	الخبراء فقط، هم القادرين على إضافة أو ابتكار أشياء ذات معنى.
Myth (3)	**خرافة (3)**
Only, Gifted Minority of people are creative.	القدرات الابتكارية حكر على الأقلية الموهوبة.
Myth (4)	**خرافة (4)**
Creative Borders on Insanity.	تؤدي حدود التفكير الابتكاري إلى الجنون.
Myth (5)	**خرافة (5)**
If you really have creative ability someone will discover you and recognize your abilities.	لو كان لديك حقاً قدرات ابتكارية، لتمكن الآخرون من اكتشاف هذه القدرات لديك.
Myth (6)	**خرافة (6)**
Ideas are like Magic. You don't have to work for them.	الأفكار مثل السحر، وهذا لا يتطلب العمل من أجلها.
Myth (7)	**خرافة (7)**
Creative thinking is nice but impractical.	التفكير الابتكاري أمر جيد وجميل ولكنه ليس عملياً.
Myth (8)	**خرافة (8)**
Creative Thinking Means Complexity.	التفكير الابتكاري يعني مزيداً من التعقيد.
Myth (9)	**خرافة (9)**
The best has already been found.	الطريقة الأمثل قد تم الوصول إليها أو تم اكتشافها منذ زمن.

الفصل الثاني

مراحل عملية التفكير
الابتكاري والإبداعي

أشتمل هذا الفصل على:

📖 مقدمـــــة

📖 مرحلة الإعداد

📖 مرحلة الحضانة

📖 مرحلة البلورة

📖 مرحلة التحقق

مقدمـة:

يمكن أن نقول إن التفكير الابتكاري والإبداعي يمر بعدد من المراحل، حيث يشعر الفرد بحاجة معينة داخلية يريد إشباعها. حيث إن الحاجة أم الاختراع Necessity is the mother of invention، والعرب يقولون: الحاجة تفتق الحيلة. فتتولد عند الفرد قوة كامنة أو رغبة داخلية لعمل شيء ما يسمى دافعاً.

ثم يحدث تفاعل بين القوة الكامنة (الدافع) لدى الفرد والظروف البيئية الخارجية. وفي حالة الظروف المناسبة والمشجعة وغير المعطلة، ينتج الفرد لنا إنتاجاً جديداً (أفكاراً أو أعمالاً).

لقد حاول العديد من العلماء تحديد مراحل عملية التفكير الابتكاري والإبداعي. من هؤلاء العلماء والس Walas (1926) وستور Storr (1972) وجيلفورد Gailford (1973) وكسلر Kessler (2000) وعلى محمد عبد الوهاب وآخرون (2001)...

وفي ضوء محاولات هؤلاء العلماء يمكن تحديد أربع مراحل أساسية تمر بها عملية التفكير الابتكاري والإبداعي وتكون في مجملها دائرة متكاملة الدوران، بمعنى أن كل مرحلة تعتمد على نتائج المراحل الأخرى... ويمكن تحديد هذه المراحل فيما يلي:

(1) مرحلة الإعداد.

(2) مرحلة حضانة الفكرة.

(3) مرحلة تبلور الفكرة.

(4) مرحلة التحقق من صحة الفكرة.

ويمكن توضيح هذه المراحل في الشكل التالي.

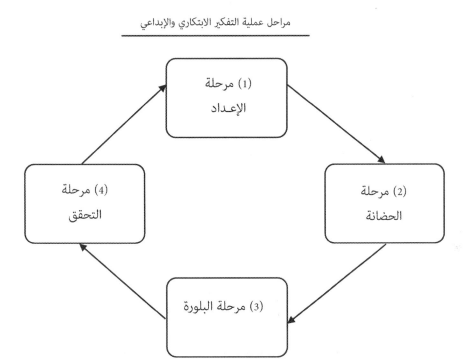

شكل رقم (2)

مرحلة عملية التفكير الابتكاري والإبداعي

وسوف نشير إلى كل مرحلة بشيء من الإيجاز:

1- مرحلة الإعداد Preparation:

وتبدأ عملية التفكير الابتكاري بمرحلة الإعداد والتشبع، والتي يتم فيها قيام العقل المدرك بتجميع وتحليل كافة البيانات والمعلومات المتعلقة بالمشكلة محل الدراسة (الإعداد). ثم يقوم هذا العقل بالتركيز والاستغراق في التفكير بدرجة عميقة تصل إلى مرحلة (التشبع). وبالتالي يصاب هذا العقل بالإجهاد وعدم القدرة على مواصلة التفكير، ومن ثم يلجأ إلى طلب المساعدة من العقل غير المدرك.

وخلال هذه المرحلة، يسعى العقل المدرك إلى التعرُّف على كل المتغيرات المتعلقة بالمشكلة والتعايش معها... وهذا يتطلب القيام بما يلي:

أ- تشخيص المشكلة:

ويقوم المبتكر في هذه الجزئية بإدراك ما لا يدركه غيره ورؤية ما لا يراه الآخرون، مما يساعده على تشخيص المشكلة تشخيصاً دقيقاً.

ب- تجزئة المشكلة:

ويقوم المبتكر بعد عملية التشخيص بتفتيت وتجزئة المشكلة إلى نوعين من المكونات هما:

- مكونات مألوفة / غير مألوفة.
- مكونات معروفة / غير معروفة.

ويسعى المبتكر في التعامل مع المكونات المألوفة والمكونات المعروفة أولاً، ثم يبذل مزيداً من الجهد والمحاولات للتعامل مع المكونات غير المألوفة والمكونات غير المعروفة.

ج ـ إعادة صياغة المشكلة:

يسعى المبتكر - نظراً للغموض والإبهام المحيط بالمشكلة - إلى إعادة صياغتها بصورة تساعده على التوصل إلى الأبعاد الأساسية للمشكلة وجذورها الأصلية، مما يساعد على اكتشاف أشياء لم تكن مرئية بالتحليل المبدئي السابق.

د - تجميع البيانات والمعلومات الجديدة المساعدة للوصول للحل:

بعد التحديد الدقيق للمشكلة، يقوم المبتكر بتجميع البيانات والمعلومات المساعدة للوصول إلى حل المشكلة؛ وذلك عن طريق استدعاء بعض المعلومات المختزنة في الذاكرة عن مشاكل مماثلة أو مشابهة.

هـ - تحليل المعلومات واستحداث علاقات جديدة:

يحاول المبتكر تحليل كافة المعلومات المتاحة (القديمة والجديدة) والربط بينها بهدف استحداث علاقات جديدة مبتكرة تساعد على التوصل إلى بدائل جديدة للحل.

و ـ استحداث بدائل للحل:

هنا يستخدم المبتكر الملكات والمهارات التي يمتلكها في استحداث عدة بدائل للحلول... وتعتبر مهارات القدرة على التخيل والتصور والتوقع والمزج والربط من الأدوات الأساسية في هذا الشأن... وهنا نحب أن ننوه إلى أنه ـ رغبة في الحصول على أفضل النتائج في هذه الجزئية ـ يجب التركيز على حقيقتين هما:

● استحداث أكبر قدر من البدائل وعدم القيام بتقييم البدائل الآن مؤقتاً.

● جودة البدائل تأتي من استحداث أكبر قدر منها.

2- مرحلة حضانة الفكرة Incubation:

تتم هذه المرحلة أساساً في العقل غير المدرك (العقل الباطن)، حيث يكون المبتكر في حالة هدوء وسرحان بواسطة عقله المدرك، حيث يتم استبعاد مؤقت للمشكلة، بينما في الحقيقة فإن العقل الباطن يكون في نشاط قوي ومركز على المشكلة للوصول إلى حل لها، وذلك عن طريق تجريب كل المحاولات الممكنة من توليفات الأفكار المختزنة لديه.

ومن الغريب أنه أثناء هذه المرحلة لا يشعر المبتكر بأنه في مرحلة تفكير مستمرة لأنه يتعامل معها بعقله الباطن.

33

فالظاهر للعين أنه لا يوجد نشاط يؤدي بينما في الحقيقة هناك عملية خلق جبارة تتم ولكن غير مرئية. وهذا ما يحدث بالفعل في عقل المبتكر، فيبدو وكأنه في حالة هدوء وسرحان بينما يقوم العقل الباطن بإحداث علاقات جديدة بين المعلومات المختزنة تمثل الحل المبتكر للمشكلة القائمة.

وفي نهاية هذه المرحلة يتوصل العقل المدرك فجأة وبدون مقدمات إلى حل سليم للمشكلة نتيجة العصف الشديد للعقل الباطن.

وفي هذه المرحلة يمكن أن نشير إلى ما يلي:

أ ـ قد يشعر الشخص بنوع من الإحباط أثناء هذه المرحلة وهذا يعد نوعاً من الضمان بأن الحل الذي سيتم التوصل إليه سيكون على درجة عالية من الجودة.

ب ـ يمكن تنشيط العقل الباطن أثناء هذه الرحلة بأسلوبين هما:

● اللجوء إلى النوم أو الاسترخاء كوسائل سلبية في إعادة شحن وتجديد الطاقة الذهنية.

● اللجوء إلى إطالة الفترة الزمنية للتعايش مع المشكلة أو تغيير محور التفكير ـ وخاصة عند الشعور بالإرهاق الذهني ـ في المشكلة إلى ممارسة بعض الهوايات لتقليل حالة الإرهاب الذهني أو التخلُّص منها.

3- مرحلة تبلور الفكرة Crystallization:

بعد انتهاء مرحلة حضانة الفكرة، عادة ما تكون هناك أفكار وحلول جيدة، ويحاول العقل المدرك بلورة هذه الأفكار والحلول وعادة ما تنتهي بالفشل. مثلما يحاول شخص البحث عن مكان سلسلة المفاتيح، وبالرغم من تركيزه الشديد لمحاولة معرفة مكانها لكنه يفشل في ذلك. ويصاحب ذلك قلق وتوتر وعدم راحة. ثم يحاول هذا الشخص أن ينصرف عن ذلك كلية وينهمك في أعمال أخرى ولكن يظل عقله الباطن مشغولاً بالبحث عن مكان سلسلة المفاتيح. ويشعر بالقلق والتوتر وعدم الراحة لذلك. وفي وقت لاحق وبدون مقدمات تحدث إشارة للمخ أو العقل المدرك (أثناء الانهماك في أعمال أخرى) بمكان سلسلة المفاتيح (ويمكن تسمية ذلك بالإلهام inspiration أو التنوير illumination).

وهنا يتساءل الشخص كيف أنه لم يتذكر هذا المكان ولم ينتبه إليه بالرغم من سهولة الوصول إلى هذا المكان والاعتياد عليه. وهذا ما يحدث تماماً للعقل عندما تتبلور الفكرة أو الحل.

وأحياناً يكون الحل المبتكر على درجة عالية من الجودة ومع ذلك فإنه يبدو لمن يراه أنه بسيط وسهل وكان في الإمكان الوصول إليه. وهذا من سمات الحلول المبتكرة المتميزة مثلما حدث مع مكان سلسلة المفاتيح.

4- مرحلة التحقق من صحة الفكرة Verification:

تهدف هذه المرحلة إلى التحقق أو التيقن من مدى صحة الفكرة التي تم بلورتها في المرحلة السابقة.. ويتم تحقق ذلك عن طريق أسلوبين:

أ ـ أسلوب داخلي في عقل الشخص المبتكر ذاته.

ب ـ أسلوب خارجي بين الشخص المبتكر والآخرين من زملاء ورؤساء وأقران.

ولا شك أن التحقق من صحة الحل يأتي بعدما نكون قد تأكدنا من قيمة الحل بالتدليل والبرهنة من أهل الخبرة والرأي.

يجب أن نشير إلى أنه في عملية التحقق من صحة الفكرة يجب التحقق من:

- اختيار التوقيت المناسب للتحقق من صحة الحل.
- توقع كافة النتائج حيث إن عدم توقع بعضها قد يخفض ويقلل من فعالية الحل أو الفكرة.

أخيراً إن المراحل الأربع السابق ذكرها ذات طابع شخصي، بمعنى أنه وبالرغم من أن هناك اتفاقاً عليها للوصول إلى حل مبتكر إلا أنه لا توجد وصفة موحدة للجميع، وما يصلح مع بعض الأفراد قد لا يصلح مع البعض الآخر، فالعملية شخصية إلى حد كبير.

الفصل الثالث

العوامل المعوقة للتفكير الابتكاري والإبداعي

أشتمل هذا الفصل على:

- مقدمـــة.
- معوقات التفكير الابتكاري في جماعات العمل.
- معوقات التفكير الابتكاري على المستوى الفردي.

مقدمـة:

تواجه عملية الابتكار بالعديد من المعوقات التي تقلل من قدرة الفرد على استثمار قدراته وتنمية ذاته وتقديم الجديد، ويمكن هذه المعوقات ـ كما يشير إلى ذلك كل من على محمد عبد الوهاب وآخرون ـ في خمس مجموعات هي: المعوقات العقلية، المعوقات الانفعالية، معوقات الدافعية، المعوقات التنظيمية والمعوقات البيئية، والتي يوضحها الشكل التالي:

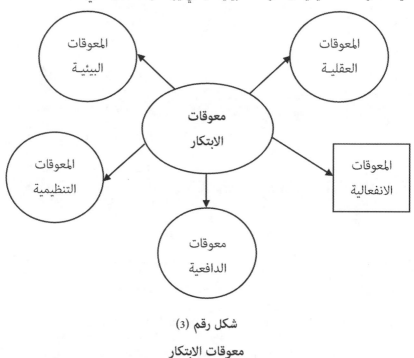

شكل رقم (3)

معوقات الابتكار

1- المعوقات العقلية (الإدراكية):

يتضمن التفكير الابتكاري العديد من العمليات العقلية كالإدراك والتذكر والتخيل.. إلخ، ومع أن كل من هذه العمليات يتميز بخصائص معينة بين بعضها البعض، إلا أنها في نفس الوقت تتشابه وتتداخل في خبرات الفرد، وفي استجاباته العقلية ويعتبر

الإدراك الحسي الدعامة الأولى للمعرفة الإنسانية، وبمعنى إعطاء معنى للمحسوسات أو المثيرات المختلفة (المدركات)، ومن المتوقع أن تلعب الخبرة السابقة للفرد دوراً هاماً في تحديد هذا المعنى من حيث الوضوح والدقة. يبدو أنه كثيراً ما يتعرض إدراكنا للناس والأشياء من حولنا لبعض المشكلات مثل:

أ - **خطأ الإدراك،** حيث نرى الفرد أو الشيء صفة ليست موجودة فيه فعلاً.

ب- **خداع الإدراك،** حيث نتخيل شيئا لا وجود له.

ج- **ضيق الإدراك،** حيث نرى الأشياء ناقصة أو لا ندرك كل أبعادها.

ومن جانب آخر تتأثر قدرة الفرد على الابتكار بضعف قدرته على التذكر والتخيل من حيث اتساع المدى والتنوع وانحصار تفكيره في حدود ثابتة لا يستطيع أن يخرج عنها.

2- المعوقات الانفعالية:

يحتاج الإنتاج الابتكاري بجانب القدرات العقلية إلى توافر عدد من العوامل الانفعالية مثل: الثقة بالنفس والاكتفاء الذاتي، والميل للمخاطرة، والاستقلال في التفكير، وللانفعال قوة دافعة تدفع الفرد إلى تنويع سلوكه حتى يحقق الهدف من الانفعال ويخفض من حدة التوتر الذي يسببه، ولكن المغالاة في الانفعال مثل الخوف أو القلق قد تتسبب في الحد من الابتكار، فالخوف يقيد تفكيرنا، ويمنعنا من السعي وراء الجديد، ويسبب الانطواء على النفس، ويؤدي إلى اختلال تكيف الفرد وسوء صحته العقلية ونقص ثقته بنفسه.

3- معوقات الدافعية:

يتأثر الابتكار بمجموعة من العوامل التي تعمل على تحريك وتوجيه الطاقة النفسية للفرد نحو مباشرة ما يقوم به من عمل، وهي التي تدفع المبتكر إلى السيطرة على ما لديه من معلومات ومهارات في المجال الذي يبحث فيه، وهي التي تدفعه أيضاً إلى التفكير واكتشاف ما قد يوجد في هذا المجال من أوجه قصور وضعف ومن ثم التفكير

في الجديد والتعبير عنه، ولقد أثبتت الأبحاث أن توصل الفرد للجديد يتطلب رغبة حقيقية من جانبه تدفع للتوصل إليه، ولا بد أن يكون الفرد مدفوعاً للدرجة التي تجعله يبذل الجهد الإيجابي المحقق للابتكار.

ويؤدي عدم تشجيع الفرد وتحفيزه بالطريقة الملائمة، وعدم حصوله على احترام وتقدير الآخرين ومساندتهم له إلى إعاقة الابتكار ووضع حاجزاً ضد الأفكار الجديدة ومن ناحية أخرى إذا كان الجزاء الذي يقدم مقابل الأفكار الجديدة غير عادل أو لا يتناسب مع الجهد المبذول، فالاحتمال الكبير أن يصاب الفرد بالإحباط ويقلع عن سلوكه الابتكاري.

4- المعوقات التنظيمية:

يؤدي التنظيم الذي يسمح للرؤساء بتركيز السلطة في أيديهم ولا يسمح للعاملين بالاشتراك في مناقشة أوضاع العمل والمساهمة في رسم خططه، والذي تحدد اللوائح والتعليمات فيه أدوار العاملين بشكل مفصل دقيق، إلى عدم تشجيع الأفراد على الإبداع والابتكار، بل يجعلهم يتهربون من المسئولية خوفاً من الفشل والعقاب.

5- المعوقات البيئية:

تلعب الظروف البيئية دوراً كبيراً في تشجيع أو الحد من القدرات الابتكارية فإذا كانت البيئة التي يعايشها الفرد بيئة سمحة، مرنة، تحترم حرية الفرد في التفكير والتعبير، ولا تتسرع في إصدار الأحكام على من يفكر ويعبر عن فكره، وإذا كانت البيئة تسمح بالتفكير الحر الذي يعتبر بحق البداية في الابتكار، وإذا كانت البيئة تعطي للفكرة والرأي الناتج فرصة للتجريب، حتى وإن بدا على الفكرة خروج عن المألوف أو الشائع، فإنها بحق بيئة تساعده على الابتكار.

أما إذا كانت الظروف الثقافية العامة، وخاصة العادات والتقاليد والعرف تضغط على من يفكر، وتقسو على من يحيد عما تراه الجماعة وما تتوقعه منه، فإن الفرد سيميل

إلى التصرف بالطريقة التي يتوقعها منه الآخرون، وبالتالي يتجنب التفكير في أشياء جديدة تخرج عن نطاق توقعات الآخرين.

عوائق الإبداع في بيئة العمل:

في برنامج تدريبي قدمته الدار العربية للاستشارات عن «التفكير الإبداعي وإدارة التغيير» تم الإشارة إلى دراسة قام بها كل من تريزا أمابيل وستان كريسكويتش عن عوائق الإبداع في بيئة العمل. والتي يمكن تحديدها في الآتي:

1- جو الإدارة الرديء:

مثل التركيز على المظاهر، ونظام الحوافز المادي وإعطاء المكافآت لغير مستحقيها، وعدم وجود الدعم المادي والمعنوي للعاملين، وعقد اجتماعات عديدة أثناء العمل، وسوء عملية التواصل والحوار بين العاملين، والمشاكل السياسية، والاهتمام بالمراكز والمناصب.

2- التضييق الإداري:

مثل فقدان حرية التصرف، أو عدم وجود اختيارات في القرار وكيفية تطبيقه.

3- اللامبالاة الإدارية:

مثل ندرة الدعم المعنوي/ وفقدان الحماس والاهتمام، وعدم الإيمان والثقة بنجاح المشروع.

4- إدارة المشروع السيئة:

مثل التخطيط السيئ، ووضع أهداف صعبة التحقيق، وفقدان مهارات الاتصال بين العاملين، وعدم الثقة بالقائمين على المشروع، وكذلك اعتماد أسلوب الإدارة بالأوامر المباشرة.

5- **التقويم والضغط النفسي:**

مثل إجراءات التقويم غير المناسبة، أو الإصرار على تقويم التغذية المرتدة دوماً، والضغط على العاملين للإنتاج من دون تحديد الناتج المتوقع.

6- **عدم كفاية المصادر:**

مثل ندرة التجهيزات اللازمة للعمل، أو المواد، أو المعلومات، أو العنصر البشري.

7- **الضغط الزمني:**

عدم وجود الوقت الكافي لتقييم موقف ما، أو النظر في بدائل أخرى.

8- **التركيز على الوضع القائم:**

كمقاومة التغيير بكافة صوره، وعدم استعداد الإدارة للمجازفة حتى بالتفكير بأفكار أخرى.

9ـ **المنافسة:**

وهي المنافسة المضرة بالمصلحة العامة للمؤسسة والتي تكون بين العاملين شخصياً.

معوقات التفكير الابتكاري في جماعات العمل:

1- المثل القائل: اعمل كثير تغلط كثير تتحاسب كثير.

2- الروتين المعوق الذي يقتل أي محاولة للتجديد والابتكار.

3- نظام السلطة الصارم.

4- عدم تشجيع الموظفين / العمال المبتكرين.

5- الكل سواء من يعمل أو لا يعمل، يفكر أو لا يفكر، ينتج أو لا ينتج، مادام يحصل على راتبه وعلى ترقياته فلماذا يجدد أو يبتكر؟

6- عند طرح فكرة جديدة، يتم تكوين لجنة من أجل فحصها (والهدف منها).

7- الضمانات الكثيرة التي حصل عليها الموظف أو العامل تؤدي إلى زيادة اطمئنانه بما يؤدي إلى عدم شعوره بالقلق أو إحساسه بالخطر كعاملين من عوامل تشجيع الابتكار.

معوقات التفكير الابتكاري على المستوى الفردي:

1- عدم تحديد الشخص لأهدافه.

2- عدم التعلم.

3- معاناة الشخص من مشكلات سلوكية / نفسية / عقلية / جسمية.

4- التفكير في شيئين في وقت واحد (التشتت).

5- المحاكاة والتقليد والنقل والتبعية الفكرية.

6- التربية والتعليم الخاطئان.

7- عدم المطالعة والمحادثة.

8- الرغبة في الظهور بدلا من الوجود.

9- التواكل الطفيلي على الآخرين (في التفكير، في حل المشكلات،.....).

10- عدم ثقة الشخص في نفسه وعقدة النقص.

11- الحياة تضعف الفكر.

فخاخ / مصائد تُنصَب أمام المبدعين

Traps Face the Creative People

Trap (1) I'm Too Old.	فخ (1) لقد تقدم بي العمر.
Trap (2) I'm Too Busy.	فخ (2) أنا مشغول جداً ولا وقت لدي لمثل هذا
Trap (3) What will other people think?	فخ (3) ماذا سيقول الآخرين عني؟
Trap (4) I don't have the proper qualifications.	فخ (4) لست مؤهلاً لذلك.
Trap (5) I might fail.	فخ (5) قد أفشل.
Trap (6) I work for an organization I can't be creative.	فخ (6) أنا مجرد موظف أعمال للمؤسسة ولا أستطيع أن أكون مبدعاً.
Trap (7) I'm a woman, men are the creative	فخ (7) ما أنا إلا امرأة، والرجال وحدهم هم المبدعون
Trap (8) I don't have a high I.Q.	فخ (8) ليس لدي نسبة ذكاء عالية.

الفصل الرابع

العوامل المشجعة للتفكير
الابتكاري والإبداعي

أشتمل هذا الفصل على:

📖   مقدمــة.

📖   بعض العوامل المشجعة للتفكير الابتكاري والإبداعي.

📖   مصادر الإثارة والتحفيز للإبداع في العمل.

📖   What Helps or Hinders Creativity?

مقدمة:

كما رأينا أن الابتكار ظاهرة نفسية وقدرة عقلية مركبة من عدد من القدرات كالطلاقة والمرونة والأصالة والحساسية..

وترى ليلى سالم الصم أن الذكاء يعتبر شرطاً أساسياً للابتكار، إلا أنه غير كاف إذ لا بد أن يتوافر لدى الفرد القدرات الابتكارية المتنوعة وبعض الصفات الشخصية الأخرى مثل الأصالة والجدية والقبول الاجتماعي.. وقد يلاحظ ولي الأمر وجود الابتكار أو الإبداع لدى أبنائه بشكل مبكر.. إذ يميل معظم الأطفال في سن ما قبل المدرسة لتشكيل أصدقاء لعب خياليين ويميلون إلى التمثيل.. ويتميزون بأن لديهم شخصية قوية وإيجابية ومتكاملة مع أنفسهم ويعملون بانسجام كامل مع قدراتهم وأفكارهم.

وتتطلب العملية الإنتاجية ستة أسس رئيسية هي: الذكاء أو العمليات الفكرية والاستبصار - المعرفة - أساليب التفكير - الشخصية - الدافعية - البيئة ومحتواها.. أما العوامل التي تؤثر في الإنتاج الإبداعي لدى كل طفل فتتركز على الوعي الأبوي - وجود تميز مبكر في القراءة والموسيقى أو أن يكون لدى الطفل اهتمامات علمية وتكنولوجية مبكرة.. بالإضافة إلى الاهتمام بالتخيل والمغامرة.. وهذا كله يعتمد على الخلفية التعليمية للأسرة.. فكلما كانوا متعلمين أو حتى مثقفين سينعكس ذلك على أبنائهم ونمو موهبتهم.

بعض العوامل المشجعة للتفكير الابتكاري والإبداعي:

يمكن رصد بعض العوامل المشجعة للتفكير الابتكاري والإبداعي كما يلي:

1- الاهتمام بالمبتكرين.

2- تجنب التعرض للأمراض.

3- الاستفادة من الفرص المختلفة للتعليم والمعرفة والاحتكاك.

4- تفادي التشتت.

5- تنمية المهارات لأقصى حد.

6- تقليل العزلة.

7- الحساسية للمشكلات.

8- القيادة الديمقراطية.

9- درجة ذكاء متوسط أو عالية.

10- البيئة المناسبة المشجعة غير المعطلة (الأسرة / العمل / الناس..).

11- سلامة الحواس.

ويضيف تورانس في كتابه «توجيه موهبة الابتكار» أنه يمكن زيادة معدل الابتكار في المجتمع من خلال:

أ - الاهتمام بالمبتكرين.

ب- مواجهة القلق والخوف.

ج- تجنب التعرض للأمراض بمختلف أنواعها.

د- تقليل التأكيد على الاختلاف بين الجنسين.

هـ- الاستفادة من الفرص المختلفة للتعليم والمعرفة والاحتكاك.

و- تفادي التشتت والمساهمات المتنوعة.

ز- تنمية المهارات لأقصى حد.

ح- تقليل العزلة والغربة.

ط- تعليم مواجهة الفشل والمشقات والمواقف الصعبة.

وفي برنامج تدريبي قدمته الدار العربية للاستشارات عن «التفكير الابتكاري الإبداعي وإدارة التغيير» تم الإشارة إلى دراسة قام بها كل من تريزا أمابيل وستان كريسكويتش عن الإبداع في بيئة العمل، وجد أن مصادر الإثارة والتحفيز للإبداع في العمل يكون مرجعها إلى:

47

1- الحرية والسيطرة:

وهي حرية تحديد المشكلة، وتحديد بدائل وخيارات الحل، فمثل هذه الحرية تتضمن في طياتها أيضاً الشعور بالسيطرة على العمل والأفكار لدى الفرد.

2- الإدارة الناجحة للمشروع:

وهي قدرة مدير المشروع على الحصول على التأييد اللازم لنجاح عمله، ومهارته في إسناد العمل المناسب للشخص المناسب، وكذلك تمتعه بالقدرة على فتح قنوات الاتصال مع العاملين.

3- توفير المصادر اللازمة:

وضع المصادر اللازمة تحت التصرف بما فيها: المال والمعدات والمعلومات، والعنصر البشري.

4- التشجيـع:

أن حماس الإدارة، واهتمامها، والتزامها بالعمل والعاملين، يشيع جواً من الإبداع في بيئة العمل. وكذلك ميل الإدارة لتقبل الأفكار مهما بدت غير عملية وتبدي استعدادها للمجازفة يعتبر عنصراً مهما.

5- سمات إدارية متعددة:

كالاستعداد لإعطاء الأفراد فرصة التجريب، واختبار الأفكار والطرق الجديدة في العمل، وكغياب البيروقراطية والروتين، ووجود جو التعاون وروح الفريق بين العاملين، وبسهولة الاتصال فيما بينهم.

6- التمييز والتقويم:

فالحوافز يجب أن تكون مادية ومعنوية أيضاً، ويجب أن يكون تمييز العامل الجيد علنياً، ليكون ذلك دافعاً للآخرين. كما أن التقييم يكون حسب معيار الأداء السابق للموظف، وحسب أهداف المؤسسة، وليس بمقارنته بغيره من العاملين.

7- **توفر الوقت:**

يجب إتاحة الوقت للتفكير العميق، وليس بطريقة توقيت إدارة الأزمات.

8- **التحدي:**

وهو إتاحة الفرصة للموظف ليقوم بعمله بطريقة مختلفة، وأن ينجح حيث فشل الآخرون، وهذا هو التحدي بعينه.

9- **الضغط:**

وجود ضغط إلى حد ما مبعثه الدوافع الذاتية للموظف أو فريق العمل.

What Helps or Hinders Creativity ?

Linus Pauling, the Nobel prizewinning scientist, said: "The best way to get good ideas is to have lots of ideas. "Highly creative thinkers agree that the first step in becoming more innovative is to generate lots of possibilities.

Some habits and behaviors encourage the production of ideas while others stop idea generation completely. Which of these actions are you most likely to do?

Hinders	Helps
Do you most often:	Or:
❑ Look for the right answer?	❑ Look for lots of possible right answer?
❑ Approach problem solving as "serious" business?	❑ Have fun with problem solving and "play" with ideas?
❑ Avoid making mistakes as much as possible?	❑ Accept mistakes as a natural product of the creative process?
❑ Push yourself even when tired to keep working on the problem?	❑ Take deliberate breaks when you put the problem on the "back burner"?
❑ Ask advice only from "experts"?	❑ Get input from a variety of sources?
❑ Dismiss your "silly" ideas?	❑ Use your sense of humor as a rich source of possibilities?
❑ Tell your idea only to people who will agree with it or support it?	❑ Encourage feedback from a variety of sources including a "Devil's Advocate"?
❑ Keep quiet when you don't understand something?	❑ Risk asking "dumb" questions?
❑ Follow the motto "if it isn't broke, don't fix it"?	❑ Continually look to improve all products, services and systems?
❑ Do not have a system to record ideas that come to you?	❑ Keep an "idea journal" and record all good ideas?

الفصل الخامس

الشخصية الابتكارية / المبدعة

أشتمل هذا الفصل على:

- تعريف الشخصية.
- صفات الشخصية الابتكارية.

«كن أنت.. أعط مما تمتلكه أنت.. اخترع أسلوبك الخاص.. تجرأ»

Stanley Kunitz

مقدمـة:

اشتقت كلمة شخصية في اللغة العربية من «شخص». وتشير المعاجم إلى أن الشخصية هي صفات تميز شخصاً عن غيره.

أما مصطلح الشخصية Personality في اللغات الأوروبية فيرجع إلى الكلمة اللاتينية التي كانت متداولة في العصور الوسطى وهي: Persona التي كانت تستخدم لتشير إلى القناع أو الوجه المستعار الذي يلبسه الممثلون على المسرح. ومع مرور الزمن أطلق هذا اللفظ على الممثل نفسه أحياناً، وعلى الأشخاص بعامة أحياناً أخرى. وربما كان ذلك أساس قول شكسبير «إن الدنيا مسرح كبير، وإن الناس جميعاً ليسوا سوى ممثلين على مسرح الحياة».

ثم تطور المصطلح ـ كما يقول أحمد محمد عبد الخالق ـ ليشير إلى الفرد كما يبدو للآخرين، والصفات المميزة له، فيقال: فلان ذو شخصية قوية، بمعنى أنه ذو صفات متميزة وله إرادة وكيان مستقلان.

تعريف الشخصية:

لو أن الناس في مجتمع من المجتمعات يتصرفون على نمط واحد ويفكرون تفكير رجل واحد ويشعرون بنفس الشعور لما كان هناك وجود للشخصية على الإطلاق.

هذا ولا يقصد بالشخصية أي نوع من أنواع النشاط كالتكلم أو التذكر أو التفكير أو الحب، وإنما يستطيع الشخص أن يكشف عن شخصيته عن طريق الأسلوب الذي يتبعه في أداء أي نوع من هذه الأنواع من النشاط.

هذا ولقد تعددت تعريفات الشخصية لدرجة أن ألبورت Ellport توصل إلى ما

يقارب الخمسين تعريفاً أو معنى للشخصية، إلا أنه استطاع أن يصنفها في ثلاثة اتجاهات هي كالتالي:

أ - اتجاه مظهري ويهتم بالسلوك الخارجي فقط.

ب- اتجاه داخلي ويهتم بالمكونات الداخلية للفرد.

ج- اتجاه اجتماعي ويهتم بناحية التوافق الاجتماعي.

ومن التعريفات الشائعة للشخصية نذكر:

1- يعرف بيرت Bert الشخصية بأنها ذلك النظام المتكامل من الدوافع والاستعدادات الجسمية والنفسية والفطرية والمكتسبة الثابتة نسبياً التي تميز فرداً معيناً وتحدد أساليبه في تكيفه مع البيئة المادية أو الاجتماعية.

2- يعرف إيزنيك Eznek الشخصية بأنها التنظيم الديناميكي في نفس الفرد لتلك الاستعدادات النفسية التي تحدد طريقته الخاصة في التكيف مع البيئة.

3- ويعرف ألبيرت Alpert الشخصية بأنها التنظيم الديناميكي داخل الفرد لتلك الأنظمة النفسجسمية التي تحدد توافقاته المتفردة مع البيئة.

4- ويعرف ديبرن Dubrin الشخصية بأنها النمط المتفرد لسمات الفرد في تفاعله مع الآخرين، والذي يميزه عنهم في سلوكه ومشاعره وتفكيره.

5- يعرف يورت Yort الشخصية بأنها النظام الكامل من الميول والاستعدادات الجسمية والعقلية الثابتة نسبياً والتي تعتبر مميزة للفرد ومحددة لطريقته الخاصة في التكيف مع البيئة المادية والاجتماعية.

6- تعريف كل من جيرالد جرينبرج وروبرت بارون Greenberg & Baron الشخصية هي ذلك النمط المتفرد والمستقر نسبياً من السلوك ويبدو في فكر وعواطف الشخص.

7- الشخصية هي مجموعة الصفات الظاهرة المميزة للفرد ويمكن ملاحظتها في مواقف اجتماعية متنوعة.

8- الشخصية هي حاصل جمع كل الاستعدادات والميول والغرائز والدوافع والقوى البيولوجية الفطرية الموروثة، وكذلك الصفات والاستعدادات والميول المكتسبة من الخبرة.

سمات / صفات الشخصية القوية:

«إذا أبديت اهتماماً كافياً بنتيجة، من المؤكد أن تصل إليها».

وليم جيمس

السمة هي أي صفة أو خاصية، ذات دوام نسبي، يمكن أن يختلف فيها الأفراد، فتميز بعضهم عن بعض. أي أن هناك فروقاً فردية فيها. ويرى أحمد محمد عبد الخالق أن السمة قد تكون وراثية أو مكتسبة، ويمكن أن تكون كذلك جسمية أو معرفية أو انفعالية أو متعلقة بمواقف اجتماعية، والأخيرتان هما مجال الاهتمام في بحوث الشخصية.

يعرف يوسف ميخائيل أسعد الشخصية القوية بأنها الشخصية التي تستطيع إدراك الواقع في ضوء الماضي بحيث تتطلع إلى الإفادة من حصيلة خبرات الماضي والحاضر في التخطيط للتصرفات التي ستتخذ في المستقبل. وهي أيضاً الشخصية الحيادية التي تتمتع بالحكم على الأشياء كما هي في الواقع لا كما يحلو لها، وهي أخيراً الشخصية الحيادية التي تقدم على تصرفاتها وتنفيذ قراراتها بوعي دون غفلة عن العناصر التي يمكن أن تستجد بالموقف.

هذا ويمكن تحديد بعض سمات/صفات الشخصية القوية في البنود التالية:

1- درجة ذكاء عالية أو متوسطة.

2- قدرات عقلية سليمة (مثل: التفكير، التخيل، التفسير، التذكر...)

3- اتزان انفعالي.

4- الحكمة.

5- إرادة قوية.

6- قدرة على التوافق مع البيئة المحيطة.

7- التروي في الأمور وليس الاندفاع.

8- الجاذبية الشخصية.

9- المعرفة.

10- تكوين علاقات جيدة مع الآخرين.

11- القدرة على اقناع الآخرين.

12- التطور والتنافس الخلاق.

13- القدرة على مجابهة الإخفاق.

14- الإيثار في المواقف التي تتطلب ذلك.

عوامل ضعف الشخصية:

هناك عوامل عديدة تجعل الفرد ذا شخصية ضعيفة، نذكر منها على سبيل المثال العوامل التالية:

1- عدم وضوح الرؤية:

نحن في الحياة ننقسم إلى فريقين: أحدهما يرى الأشياء من حوله بوضوح، وقد استبان أهدافه بحيث يوجه خطواته وفقها، والآخر لا يكاد يستبين الأشياء التي يرغب في تحقيقها، ولا يستطيع تحديد أهدافه في مراحل حياته المتباينة، فالشخصية الضعيفة:

أ- لا تستطيع أن تفلسف حياتها، ولا أن تكسبها معنى معيناً.

ب- تعيش في أحلام يقظة وخيال ضد الواقع.

ج- ليست لها القدرة على تبين القيم الاجتماعية.

د- سهلة الانقياد للانفعالات والأهواء.

هـ- لا تتصف بتعيين وتجديد الملامح فهي عرضة للانسياق وراء من يستهويها بغير تمييز وبغير تحقق مما يقال لها. ويمكن أن تتخذ موقف العناد بحيث تغلق كل طريق لتعديل موقفها.

و- تعجز عن معرفة الناس وأصنافهم وأنواعهم.

ز- تعجز عن أن تكون كائناً حياً مركباً من خبراتهم، ولا تستفيد من خبرات الماضي، وخبرات الحاضر لا تواتيها.

ح- ليس لها القدرة على اقتفاء أثر الأنماط الممتازة المتمثلة في الشخصيات القوية.

ط- عدم اهتمامها بقيمة الوقت. فأصحابها دائمو التسكع. فأصحابها يملأون المقاهي، وقد يجلس الواحد منهم ينظر إلى المارة في بلاهة وعدم اكتراث بالواقع الزاخر حوله بالأحداث.

2- **التناقض الوجداني:**

هو نشوء عاطفتين متصارعتين من طبيعتين مختلفتين في نفس الشخص الواحد. فبإزاء الموضوع الواحد لا يكون المرء محدداً لموقفه بالضبط إن كان محباً أو كارهاً، راغباً في الشيء أم راغباً عنه.

3- **سوء التكيف الاجتماعي:**

هو انتهاج أساليب غير سليمة من الناحيتين النفسية والاجتماعية لتحقيق التوافق والانسجام الظاهري بين الشخص ونفسه، أو بينه وبين المجتمع الذي يعيش فيه، فالتلميذ الذي يجد أنه عاجز عن مسايرة مستوى زملائه. قد يبحث عن حل لمشكلته بالتهريج أو معاكسة المعلمين. المهم في نظره أن يجذب انتباه المعلمين والزملاء وأن يصير محوراً لتعليقاتهم. وعلى الرغم من أن هذا لا يحقق له النجاح في آخر العام، فإنه يعوض به نفسياً الموقف المعين الذي أحس به وعن احتقاره لذاته.

4- العادات الرديئة:

هناك عادات رديئة تصدر من الشخصيات الضعيفة، يمكن رصد بعض هذه العادات كالتالي:

أ ـ عادات حركية:

وتصدر عن اليدين أو الرجلين أو الحاجبين أو الشفتين وتكون مدعاة لنفور المتصلين بالشخص ومعطلة لأداء ما يريد أداؤه أو إيصال أفكاره إلى غيره. وقد تكون مدعاة للضحك. مما يجعل الشخص موضعاً للسخرية، وبالتالي يفقد ثقته بنفسه.

ب ـ عادات عقلية:

كالأفكار المتسلطة أو الثابتة بحيث يجد أنه حبيس في نطاقها، ولا يستطيع الفكاك من أسرها أو إبدال غيرها بها.

ج ـ عادات لغوية:

فالشخصية الضعيفة لا تعمد إلى تطوير لغة الحديث ولا تستطيع تخصيبها. فيمكن أن تستعين ببعض الألفاظ التي لا تخدم المعنى الذي تريد التعبير عنه لغيرها. فلا يكون استخدامها لها إلا لأنها سيطرت على عقلها.

د ـ عادات اجتماعية:

منها البطء في تنفيذ ما تزمع القيام به. والخضوع للفوضى وعدم تنظيم الأشياء أو الأفكار أو الكلام.. وعدم القدرة على تنظيم الإنفاق والتعرض للاستدانة.

هـ ـ عادات وجدانية:

مثل عادة التشاؤم فهي تترقب الشر والإخفاق في كل خطوة تخطوها، وتتوقع الخيانة والنية السيئة والوقيعة من كل إنسان تتصل به.

5ـ تقوقع الشخصية:

وهي الانزواء بعيداً عن مؤثرات البيئة الخارجية، والتقوقع في طيات الشخصية:

فالشخصية هي عمليات مستمرة لا تتوقف.. فكلما كانت المثيرات جديدة ومستمرة ومتنوعة، كان التفاعل الناتج أكثر توهجاً وخصباً وحيوية. والشخصية المتقوقعة على ذاتها تتعرض لخطر المغالاة في التخصص برغم أن التخصص هو الطريق الوحيد الأمن نحو الإتقان. فهذا لا يمنع ولا يتعارض مع الانفتاح مع الأحداث العالمية والمحلية. ولا مع اكتساب المعلومات العامة العلمية والاجتماعية والفنية.

وثمة خطر تقوقعي آخر هو خطر الانغلاق على نفس المجموعة من الأشخاص الذين يرتبط بهم المرء بحكم ارتباطه بالأسرة والعمل وعدم التعرف على شخصيات جديدة.

استقصاء:

تعرف على شخصيتك

الاستقصاء الذي نقدمه يحاول بطريقة بسيطة جداً أن يساعدك في التعرف على شخصيتك وبعض الصفات المميزة لديك. وهذا قد يعينك في معرفة الصورة التي كونها الآخرون عنك، وأي الجوانب يجب عليك تعديلها حتى تصبح شخصيتك قوية ومؤثرة وجذابة.

ضع علامة (✓) أمام «نعم» أو «إلى حد ما» أو «لا» لكل عبارة من العبارات الآتية:

1- القدرة على التفكير السليم والمنطقي:

نعـم ❑ إلي حد ما ❑ لا ❑

2- ترتيب الأفكار وترابطها:

نعـم ❑ إلي حد ما ❑ لا ❑

3- القدرة على التعلم من الخبرة:

نعـم ❑ إلي حد ما ❑ لا ❑

4- القدرة على إقناع الآخرين :

نعم ☐   إلي حد ما ☐   لا ☐

5- القدرة على التأثير في الآخرين :

نعم ☐   إلي حد ما ☐   لا ☐

6- الاتزان الانفعالي:

نعم ☐   إلي حد ما ☐   لا ☐

7- أهداف واقعية في الحياة:

نعم ☐   إلي حد ما ☐   لا ☐

8- اتساع الأفق والإلمام بالثقافة العامة:

نعم ☐   إلي حد ما ☐   لا ☐

9- اتصال فعال مع الآخرين:

نعم ☐   إلي حد ما ☐   لا ☐

10- درجة معقولة من تقويم الذات (استبصار):

نعم ☐   إلي حد ما ☐   لا ☐

11- موضوعية في الحكم على الأشخاص:

نعم ☐   إلي حد ما ☐   لا ☐

12- موضوعية في الحكم على الأمور:

نعم ☐   إلي حد ما ☐   لا ☐

13- شعور كاف بالأمن:

نعم ☐   إلي حد ما ☐   لا ☐

14- رغبات جسدية غير مبالغ فيها، مع القدرة على إشباعها في صورة مقبولة:

نعم ☐   إلي حد ما ☐   لا ☐

15- التخطيط لمعظم الأمور:

نعـم ☐   إلى حد ما ☐   لا ☐

16- قدرة على تحمل المسئوليات:

نعـم ☐   إلى حد ما ☐   لا ☐

17- إتقان تنفيذ المهام المطلوبة:

نعـم ☐   إلى حد ما ☐   لا ☐

18- الرؤية المتكاملة للأشياء (النظرة متعددة الأبعاد):

نعـم ☐   إلى حد ما ☐   لا ☐

19- التصرف المناسب في المواقف المختلفة:

نعـم ☐   إلى حد ما ☐   لا ☐

20- الطلاقة في الحديث:

نعـم ☐   إلى حد ما ☐   لا ☐

التعليمات:

1- أعط لكل إجابة بـ «نعم» درجتين.

2- أعط لكل إجابة بـ «إلى حد ما» درجة واحدة.

3- اجمع درجاتك.

تفسير النتائج:

1- إذا حصلت على 31-40 درجة فأنت ذو شخصية قوية وسوية ومتوافقة وناجحة.

2- إذا حصلت على 21-30 درجة فأنت شخصية قوية بدرجة متوسطة وسوية ومتوافقة بدرجة ما وتحقق النجاح بعد فترة.

3- إذا حصلت على 11-20 درجة فأنت ذو شخصية ضعيفة، وغير مرنة، تجد صعوبة في التوافق مع الآخرين، والفشل في حياتك أكثر من النجاح الذي تحققه.

4- إذا حصلت على 10 درجات فأقل فأنت شخصية ضعيفة جداً، وغير سوية، تجد صعوبة شديدة في التوافق مع الآخرين، تعاني بلا شك من الإحباط بحكم مواقف الفشل العديدة التي تقابلك علماً بأنك تسهم بدور رئيسي فيها.

أخيراً، كل منا يريد أن يكون ذا شخصية قوية، وحتى نحقق ذلك فلابد أن نبذل الجهد والوقت حتى تمتلك صفات أو سمات هذه الشخصية القوية، تلك التي تمت الإشارة إليها، سواء في المقدمة أم في الاستقصاء.

علينا أن نحاول مرات عدة، وأن نستمر في المحاولة حتى نكتسب هذه الصفات أو السمات، «فلا يأس مع الحياة ولا حياة مع اليأس» كما قال الزعيم الوطني المصري مصطفى كامل.

يقول اللـه سبحانه وتعالى: "إن اللـه لا يغير ما بقوم حتى يغيروا ما بأنفسهم"(الرعد11).

صفات الشخصية الابتكارية / المبدعة

أجريت بعض الدراسات في مجال تحديد سمات أو صفات أو خصائص الشخصية الابتكارية كمحاولة منها للتعرف على هذه الصفات بهدف إكسابها للأشخاص الذين لديهم استعداد لذلك، مثل الطلاب المتفوقين دراسياً والعاملين المتعثرين في الأداء وقيادات لإدارة العليا والباحثين الجادين.. على سبيل المثال..

ولقد توصلت الدراسات الحديثة إلى أن الإبداع ظاهرة إنسانية عامة وليس ظاهرة خاصة بأحد، فهو ليس حكراً على الخبراء والعلماء والأخصائيين.. فأي إنسان عاقل وسوي تنطوي مقومات شخصيته على أنوية أو عناصر إبداعية بغض النظر عما إذا كان الفرد يعي ذلك أو لا يعيه.

هذا ويمكن تحديد صفات الشخصية الابتكارية في الآتي:

1- الثقة في النفس.
2- الطلاقة الفكرية (بمعنى إطلاق أو طرح أفكار عدة لموضوع واحد).
3- الطلاقة اللفظية.
4- الإطلاع الواسع.
5- الخيال الواسع الفني.
6- القدرة على تقييم (وزن) الأفكار.
7- المخاطرة.
8- الأصالة.
9- المرونة.
10- المثابرة.
11- التفاني في العمل.
12- الاستقلال وعدم التبعية.
13- حب القراءة والإطلاع على كل جديد.

أي أن الشخص المبتكر لديه قدرة عالية على التفكير الإبداعي كواحد من العمليات العقلية العليا في الإنسان.

ويتسم صاحب هذا النوع من التفكير بقدرة كبيرة على التخيل والتصور والتأليف والتركيب والبناء، وإيجاد علاقات جديدة وتفسيرات متميزة لفهم الواقع والتعبير عنه، وتغييره إلى الأفضل.

وتتسم شخصية صاحب هذا النوع من التفكير بالإصرار والمثابرة والميل إلى التجديد والمخاطرة وحب الاستطلاع والتجربة والإطلاع.

والبيئة المحيطة بالشخص، بدءاً من الأسرة والمدرسة، ثم المسجد والنادي والعمل ووسائل الاتصال الجماهيري، لها دور في تشجيع الابتكار أو إعاقته.. فالابتكار مثل

الصوت لا يوجد من فراغ، بمعنى أن البيئة المحيطة بالشخص إما أن تساعد على ظهور الابتكار وتعمل على بقائه واستمراره، أو قد تمنع ظهوره واستمراره ولا تشجع إلا على التبعية والتقليد والنقل والمحاكاة والتواكلية والسلبية.

ويحدد بارنارد جورج Barnard & George (2003) سمات للمدير المبتكر، هي:

1- المخاطرة.
2- الإصرار.
3- الاستثارة.
4- تقديم النصح للآخرين.
5- إدارة النزاع بشكل بنّاء.
6- تشجيع التغيير التنظيمي المخطط.
7- تحفيز الآخرين.

ابحث عن المبدعين في صفوف هؤلاء:

1- كثيرو النسيان.
2- كثيرو التأمل.
3- كثيرو التفكير.
4- كثيرو الأسئلة.
5- كثيرو الاستفسار.
6- الذين لا يحبون التفكير مع المجموعة.
7- الذين يحسون بأهمية الوقت.
8- الفضوليون الذين يميلون للبحث والتدقيق.
9- أولئك الذين يعبرون عن عدم الرضا عن الحالة الراهنة.
10- من لديه وعي وإدراك عميق ومرن لنفسه، وهو أكثر تعقلاً من الشخص العادي.

11- من هم على درجة عالية من الذكاء، ولا يستثيرهم المنطق، بل الخروج عن المألوف والاضطراب.

12- من لديه هدف على درجة سامية، متفان في العمل، حر في التعبير عن رأيه، ويرفض التقيد بالعادات.

13- من لديه بيئة طفولية ثرية، وصحة عقلية جيدة، وقدرة عالية على الاحتمال.

المبدع يقول «لا» للاتجاهات التالية:

1- التقليد.

2- الطاعة العمياء.

3- الامتثال.

4- الخضوع.

5- التسلط.

6- العدوان.

7- الخرافات.

8- القوالب الجامدة.

9- التهكم.

10- مسايرة الآخرين.

11- الصرامة والشدة.

12- الاهتمام بالشكل على حساب المضمون.

استقصاء: هل تثق في نفسك؟

إذا أردت أن تعرف درجة ثقتك في نفسك، يرجى الإجابة عن الاستقصاء الآتي:

1- هل تهتم بتنمية وتطوير قدراتك ومهاراتك في العمل؟

☐ نعم   ☐ أحياناً   ☐ لا

2- هل تخطط للأهداف التي تريد تحقيقها؟

☐ نعم   ☐ أحياناً   ☐ لا

3- إذا عرض موضوع للمناقشة، هل تبدي رأيك الخاص حول هذا الموضوع؟

☐ نعم   ☐ أحياناً   ☐ لا

4- تواجه مشكلة ما، هل تفكر فيها بطريقة واقعية وموضوعية؟

☐ نعم   ☐ أحياناً   ☐ لا

5- إذا عرض عليك منصب يتطلب مسؤوليات كبيرة، هل توافق على شغله؟

☐ نعم   ☐ أحياناً   ☐ لا

6- إذا طلب منك إلقاء خطبة في أحد الاجتماعات أو الحفلات هل توافق؟

☐ نعم   ☐ أحياناً   ☐ لا

7- هل تحاول أن تطور العمل في القسم أو الإدارة التي تعمل فيها؟

☐ نعم   ☐ أحياناً   ☐ لا

8- هل تثق في الآخرين في كثير من المواقف؟

☐ نعم   ☐ أحياناً   ☐ لا

9- إذا انتقدك أحد الأشخاص من دون موضوعية هل تدافع عن نفسك؟

☐ نعم   ☐ أحياناً   ☐ لا

10- لديك وجهة نظر أو رأي، أنت مقتنع تماماً بصحته، وهذا الرأي مخالف لرأي رئيسك. هل تعرضه عليه؟

☐ نعم   ☐ أحياناً   ☐ لا

11- هل يصفك رئيسك في العمل بالبراعة والكفاءة؟

نعم ☐   أحياناً ☐   لا ☐

12- هل تعاني من الخوف والتردد عند القيام بالأعمال الجديدة أو غير المعتادة؟

نعم ☐   أحياناً ☐   لا ☐

13- هل لقبك بعض الناس بأنك مغرور؟

نعم ☐   أحياناً ☐   لا ☐

التعليمات:

1- أعط لنفسك درجتان في حالة الإجابة بـ «نعم» ودرجة واحدة في حالة الإجابة بـ «أحياناً» عن الأسئلة من 1 إلى 11.

2- أعط لنفسك درجتان في حالة الإجابة بـ «لا» ودرجة واحدة في حالة الإجابة بـ «أحياناً» عن السؤالين 12و13.

3- أجمع درجاتك عن جميع الأسئلة.

تفسير النتائج:

أ - إذا حصلت على 18 درجة فأكثر فأنت شخص يثق في نفسه بدرجة كبيرة ننصحك بالاستمرار في ذلك، وإن كنا نحذرك بوجوب أن تراقب نفسك حتى لا تقع في حفرة الغرور.

ب- إذا حصلت على 9 إلى 17 درجة فأنت تثق في نفسك بدرجة متوسطة. المطلوب منك أن تزيد معدل ثقتك في قدراتك ومهاراتك، وأن تقلل نسبة الخوف والتردد لديك، من خلال حسن التقدير والتفكير الموضوعي والواقعي مع الجرأة والشجاعة المحسوبة.

ج- إذا حصلت على 8 درجات فأقل فأنت شخص لا يثق في نفسه. شخص حريص جداً، ويتضح ذلك من خلال خوفه وتردده وبطئه عند القيام بأي عمل أو اتخاذ أي قرار.

استقصاء: أنت شجاع؟

قال الحكماء: أربعة لا تعرف إلا عند أربعة: لا يعرف الشجاع Brave إلا عند الأزمات، ولا الحليم إلا عند الغضب، ولا الأمين إلا عند الأخذ والعطاء، ولا الأخوان إلا عند النوائب.

والشجاعة Bravery صفة إيجابية يحب كل إنسان أن يتحلى بها، وهي عكس الخوف والرهبة والجبن والتردد والتراجع. والحياة، في الوقت المعاصر، بما فيها من ضغوط عدة ومشكلات مختلفة، وما يواجهه الإنسان من مواقف الشدة والأزمات، تتطلب منه أن يكون شجاعاً، يواجه ويفاوض ويتحمل ويتطور ويسيطر على نفسه وعلى المواقف التي يواجهها.

إذا أردت أن تعرف هل أنت شخص شجاع أو لا، يرجى الإجابة عن الأسئلة بشجاعة وصراحة وصدق مع النفس.

الاستقصاء:

1- هل تقول رأيك بصراحة في معظم الأوقات؟

نعـم ☐   أحياناً ☐   لا ☐

2- هل تحب تحمل المسئولية؟

نعـم ☐   أحياناً ☐   لا ☐

3- هل تستطيع السيطرة على نفسك عند الغضب والانفعال؟

نعـم ☐   أحياناً ☐   لا ☐

4- هل تساعد الآخرين في حالة تعرضهم للهجوم أو للنقد؟

نعـم ☐   أحياناً ☐   لا ☐

5- هل توضح لرئيسك في العمل خطأه في اتخاذ قرار ما؟

نعـم ☐   أحياناً ☐   لا ☐

6- هل تتحمس كثيراً في تبني فكرة أو رأى لك؟

نعـــم ❑ أحياناً ❑ لا ❑

7- هل تتحمل المنافسة بصدر رحب؟

نعـــم ❑ أحياناً ❑ لا ❑

8- في مواقف الشدة والأزمات، هل تتصف بقوة الأعصاب؟

نعـــم ❑ أحياناً ❑ لا ❑

9- هل تخاف على أبنائك أو زوجتك (أو زوجك) من أن يحدث لهم شيء يؤذيهم؟

نعـــم ❑ أحياناً ❑ لا ❑

10- هل تنزعج بسهولة في حالة معرفة أخبار غير سارة؟

نعـــم ❑ أحياناً ❑ لا ❑

11- هل تخاف المرض؟

نعـــم ❑ أحياناً ❑ لا ❑

12- هل تخاف السفر إلى الخارج؟

نعـــم ❑ أحياناً ❑ لا ❑

13- هل تخاف السفر ليلاً؟

نعـــم ❑ أحياناً ❑ لا ❑

14- هل يمكن إخافتك بسهولة؟

نعـــم ❑ أحياناً ❑ لا ❑

15- هل تسهل استثارتك؟

نعـــم ❑ أحياناً ❑ لا ❑

16- هل تخاف عندما تسير بمفردك ليلاً

نعـــم ❑ أحياناً ❑ لا ❑

17- هل تخاف أن تبقى في المنزل ليلاً بمفردك؟

نعــم ☐   أحياناً ☐   لا ☐

18- هل تخاف من الصعود إلى الأماكن العالية وأسطح المنازل؟

نعــم ☐   أحياناً ☐   لا ☐

19- هل تخاف من مواجهة الناس والتحدث معهم؟

نعــم ☐   أحياناً ☐   لا ☐

20- هل تخاف معارضة والديك أو مدرسك أو رئيسك في العمل؟

نعــم ☐   أحياناً ☐   لا ☐

21- هل أنت حريص أكثر من اللازم؟

نعــم ☐   أحياناً ☐   لا ☐

التعليمات:

1- أعط لنفسك درجتان في حالة الإجابة بـ «نعم»، ودرجة واحدة في حالة الإجابة بـ «أحياناً» وصفر في حالة الإجابة بـ «لا» عن الأسئلة من 1 إلى 8.

2- أعط لنفسك درجتان في حالة الإجابة بـ «لا» ، ودرجة واحدة في حالة الإجابة بـ «أحياناً»، وصفر في حالة الإجابة بـ «نعم» عن الأسئلة من 9 إلى 21.

3- جمع درجاتك عن كل الأسئلة.

تفسير النتائج:

أ - إذا حصلت على 29 درجة فأكثر، فأنت شخص شجاع بدرجة كبيرة. استمر علما أنت فيه. ولكن حذارِ من التهور والعصبية وحب الهجوم والسيطرة على الآخرين.

ب- إذا حصلت على 15 إلى 28 درجة فأنت شخص شجاع بدرجة متوسطة. أنت إنسان متوازن تجمع بين صفات الشجاعة والخوف حسب طبيعة الموقف.

ج-   في حالة حصولك على 14 درجات فأقل فأنت شخص غير شجاع، تعاني من الخوف والتردد والحرص الشديدين. أنت تعرف أن خوفك المبالغ فيه مسألة تضايقك وتضايق المحيطين بك. ننصحك بأن تراجع إجاباتك عن الاستقصاء، وتعرف أسباب ومجالات وأماكن خوفك.. فالمعرفة هي طريق الاعتراف بالمشكلة وعلاجها. كن شجاعاً مع نفسك، وابدأ من اليوم حتى تقهر الخوف.

الفصل السادس

المنظمـة الابتكارية / المبدعـة

أشتمل هذا الفصل على:

- تخيل العالم بدون منظمات !
- المنظمات الابتكارية / المبدعة.
- صفات المنظمات الابتكارية / المبدعة.
- أمثلة على المنظمات الابتكارية/ المبدعة.

«لا يمكن أن نعيش بدون منظمات، ولمعرفة أهمية هذه المقولة: تخيل العالم بدون منظمات!»

براداب كاندولا

مقدمة:

المنظمة Organization هي محور العملية الإدارية، ذلك لأن ممارسة العملية الإدارية تتم داخل المنظمة، فالقادة والوزراء والعاملون يمارسون أعمالهم داخل المنظمات، وعلى ذلك فإن جميع وظائف الإدارة (صنع القرارات والتخطيط والتنظيم والتوجيه والرقابة...) تتم داخل المنظمة، وبذلك فإن دراسة المنظمة تمثل الدراسة الشاملة لعلوم الإدارة بمجالاتها المختلفة.

والمنظمات لها تأثير كبير وواسع في حياتنا، وذلك لكونها هي الوسائل التي تستخدم والقواعد التي يُسند إليها في تطوير المجتمع اقتصادياً واجتماعياً وتعليمياً وصحياً وسياسياً، نظراً لأنها تلعب دوراً هاماً في تحقيق النمو الاقتصادي والاجتماعي بما يضمن استمرارية المجتمع وبقائه.

كذلك فإن المنظمات تمثل في أساسها القيادات الرائدة في المجتمعات، وبذلك فإنها تتحمل مسئولية الرقابة والتوجيه للمجتمعات المختلفة وقيادتها في متاهات ومجاهل المستقبل؛ بما يوفر الأمان الاقتصادي والاجتماعي للبشرية والإنسان.

إن المدراء عليهم مسئولية كبيرة ورئيسية تجاه المنظمات التي يعملون بها، فعلى سبيل المثال فإن المدراء مسئولون عن إدارة المنظمات بكفاءة وفاعلية، ومسئولون عن إحداث التغيير بها، ومسئولون عن إدارة التفاعل بين المنظمة والبيئة، ومسئولون عن تحقيق أهداف هذه المنظمات.

تخيل العالم بدون منظمات !

إذا تخيلنا العالم بدون منظمات فإننا لن نجد مدارس وجامعات نتلقى فيها التعليم الرسمي، ولن نجد مستشفيات وعيادات طبية نجد فيها الرعاية الصحية، ولن نجد النوادي والمراكز الرياضية التي نشغل وقت فراغنا فيها، ولن نجد الحكومة التي تسير الأمور وتقود المجتمع.

ولكن الواقع يدل على أن المجتمع ملئ بالعديد من المنظمات بمختلف أنواعها، وأن هناك تفاعل متبادل بين هذه المنظمات.

والسؤال الذي يطرح نفسه الآن: لماذا يوجد في المجتمع الكثير من المنظمات؟ إن أحد أسباب كثرة وتنوع هذه المنظمات هو أن المنظمات هي الطريق الفعال لإشباع الكثير من الحاجات الإنسانية Human Needs المتعددة والمتجددة بل واللانهائية.

بمعنى أن تعدد الحاجات الإنسانية هو أحد الأسباب الرئيسية لتعدد المنظمات. إن المنظمة هي اختراع اجتماعي Social Invention يساعد الأفراد والجماعات والمجتمعات على تحقيق الأهداف بشكل منظم وجماعي ورشيد، في مجتمع أصبح يتغير تغييراً سريعاً وبشكل معقد.

تعريف مصطلح المنظمة

هناك تعريفات عديدة لمصطلح المنظمة، وحتى الآن لا يوجد اتفاق على تعريف محدد له، إلا إنه من خلال الدراسات العديدة فإنه يمكن تحديد أربعة تعريفات رئيسية للمنظمة كالتالي:

- التعريف الأول من منظور سلوكي: المنظمة هي عبارة عن مجموع سلوكيات الأفراد والجماعات داخل المنظمة وعمليات التفاعل المتبادل بينها.
- التعريف الثاني من منظور اجتماعي: المنظمة هي وحدة اجتماعية هادفة تسعى إلى تحقيق أغراض المجتمع بكفاءة وفاعلية وتحقيق السعادة للأعضاء العاملين فيها والاهتمام والعناية بالمجتمع.

- التعريف الثالث من منظور هيكلي: المنظمة هي عبارة عن هيكل تنظيمي رسمي ومتعمد مكون من مجموعة من الأدوار بينها علاقات تبادلية.

- التعريف الرابع من منظور وظيفي: المنظمة هي عبارة عن جهاز يؤدي مجموعة من الوظائف المتنوعة والمنتظمة مثل: التخطيط والتنظيم وإنتاج السلع وتقديم الخدمات.

لماذا ندرس المنظمات؟ Why do we Study Organizations?

إننا ندرس المنظمات لأنها لها تأثير كبير على حياتنا، ولأننا مهتمين بدراسة السلوك الإنساني، ولأنها تقودنا إلى الطرق الأكثر فاعلية في إشباع احتياجات المجتمع، ولأن نصف سكان العالم أو أكثر يعملون في المنظمات على الأقل 8 ساعات يومياً.

مقارنة بين خصائص كل من المنظمة والأسرة وجماعة الأصدقاء والمجتمع المحلي:

الجدول التالي يوضح خصائص المنظمة في مقابل خصائص كلا من: الأسرة Family، وجماعة الأصدقاء Friendship Groups، والمجتمع المحلي Community كوحدات إنسانية لها خصائص مشتركة مع المنظمة.

جدول رقم (1)
مقارنة بين خصائص المنظمة وكيانات اجتماعية أخرى

م	الخصائص	المنظمة	الأسرة	جماعة الأصدقاء	المجتمع المحلي
1	خصوصية الأغراض	*			
2	توظيف الأشخاص الماهرين	*			
3	رسمية الاتصال	*			
4	القواعد والإجراءات الرسمية والرقابة	*			
5	التدرج الهرمي للسلطة	*			

6	خصوصية الوظائف وتقسيم العمل	*	*		*
7	العلاقة العاطفية القرابية بين الأعضاء		*	*	*
8	القيم والأيدروبولوجية	*	*	*	*
9	اختلاف المكانات	*	*	*	*
10	العلاقات غير الرسمية	*	*	*	*

ماهية التطوير التنظيمي

تعريف التطوير التنظيمي

اتجهت العلوم الاجتماعية والإنسانية وخاصةً علم الإدارة بالتطوير التنظيمي Organization Development أو ما يطلق عليه أحياناً تنمية المنظمة، وذلك بهدف إحداث تغييرات إيجابية في المنظمة، بما يجعلها أكثر قدرة على حل المشكلات وتقديم السلع والخدمات بكفاءة وفعالية.

ومن تعريفات التطوير التنظيمي نذكر الآتي:

1- **تعريف Gardner:**

التطوير التنظيمي هو تلك العمليات التي تبذل من أجل تحقيق المنظمة لأهدافها ومواجهة المشكلات التي تعترض هذه الأهداف، مع الاهتمام بالأفكار الجديدة وتنمية القدرات الإبداعية والابتكارية.

2- **تعريف Bechard:**

التطوير التنظيمي هو مجموعة الجهود المخططة على نطاق المنظمة بأكملها، بهدف فعالية وحيوية المنظمة، وذلك من خلال التدخل المخطط في سياسات وخطط وإجراءات المنظمة، مع الاستفادة من العلوم والمعارف السلوكية.

3- **تعريف** Lippit:

التطوير التنظيمي هو عملية إيجاد وتلبية التغييرات التي تحتاجها المنظمات لتصبح أكثر قدرة على مسايرة الظروف الجديدة، وعلى أن تواجه مشكلاتها، وتتعلم من الخبرات، وأن تتحرك في اتجاه تنظيمي أكثر نضجاً.

4- **تعريف** Kroeber & Kluchan:

التطوير التنظيمي هو تلك الجهود المبذولة بهدف زيادة برامج المنظمة، وتنمية العاملين بها، ومواجهة المتغيرات الثقافية الداخلية والخارجية، مع تشجيع الجهود التي يبذلها العنصر الإنساني داخل المنظمة.

5- **تعريف** French:

التطوير التنظيمي هو مجموعة الإجراءات المخططة التي تحاول الارتقاء بأداء المنظمة (كنسق إداري وفني واجتماعي) حتى تصبح أكثر قدرة على تحقيق أهدافها سواء قصيرة أو طويلة الأجل، وذلك بتدريب أفراد المنظمة على إدارة أعمالها والارتقاء بمستوى ثقافة المنظمة.

6- **تعريف** Warren Bennis:

التطوير التنظيمي هو إستراتيجية تعليمية، تهدف إلى تغيير الاعتقادات والاتجاهات والقيم والهياكل التنظيمية لأفراد المنظمة، حتى يمكن التأقلم مع الظروف المتغيرة من ناحية التكنولوجيا والتغيرات الاجتماعية والاقتصادية في المجتمع.

7- **تعريف** Jerald Greenberg &Robert Baron:

التطوير التنظيمي هو مجموعة أساليب تستخدم فن العلوم الاجتماعية لتخطيط التغير التنظيمي بهدف تحسين تنمية العاملين وزيادة كفاءة المنظمة.

8- **تعريف** Gary Dessler:

التطوير التنظيمي هو أحد المناهج المتخصصة في إحداث التغيير التنظيمي، والذي

في ضوئه يشارك العاملون بأنفسهم في اقتراح التغيير والمشاركة في تنفيذه، وذلك من خلال الاستعانة بمجموعة مدربة من المستشارين.

وفي ضوء ما سبق يمكن تعريف التطوير التنظيمي بأنه:

عملية مخططة ومستمرة، تهدف إلى إحداث التغيير التنظيمي، وتنمية العاملين والسلع والخدمات التي تقدمها المنظمة، وذلك من خلال الاستفادة من العلوم الاجتماعية والإنسانية، وتدريب العاملين وتنمية الإبداع والابتكار والاختراع لديهم، والارتقاء بثقافة المنظمة.

أهداف التطوير التنظيمي

وقد تختلف أهداف التطوير التنظيمي باختلاف مشكلات وظروف المنظمات التي تستخدم هذه البرامج. هذا ويحدد فؤاد القاضي أهداف التطوير التنظيمي في أنها كعملية مستمرة ومخططة تهدف إلى ربط المنظمة ككل ببيئتها وتلاؤمها معها بنجاح وليس فقط تطويرها داخلياً، حتى يمكن وضعها في الوضع المناسب الذي يوفر لها بعض الظروف المؤكدة المواتية للنجاح والنمو.

ويتم ذلك بإحداث التغيير اللازم ليتوافق سلوكها التنظيمي وصيغ وأساليب الأداء الحالية وممارسة السلطة وأسلوب التعاون بين الأفراد وبين جامعات العمل مع متطلبات الواقع والبيئة المحيطة، ومن ثم تتحقق تغيرات حقيقية في الأداء ويرتفع مستواه.

وعادة ما تتمثل أهداف التطوير التنظيمي في إجراءات تتعلق بالأفراد وإجراءات تتعلق بالجماعة في المنظمة، وهي جميعاً تهدف إلى إحداث التغير في المستوى الحضاري والثقافي وفي المناخ التنظيمي السائد وفي النواحي والإجراءات التنظيمية.

مجالات التطوير التنظيمي:

حدد ليفت Leavitt أربعة مجالات للتطوير التنظيمي هي كما يوضحه الشكل رقم (4) كالتالي:

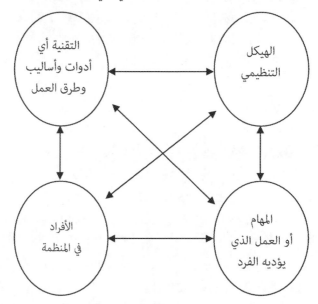

شكل رقم (4)

مجالات التطوير التنظيمي

ويؤكد ليفت أن هناك تفاعلاً وتأثيراً متبادلاً بين هذه المجالات، وأن إحداث تغيير في واحد أو أكثر من هذه المجالات سيؤثر في المجالات الأخرى. فعلى سبيل المثال، فإن التغييرات التي تجرى على الهيكل التنظيمي لتسهيل إنجاز المهام لا تتم في فراغ، إذ لابد أن يعمل الأفراد في الهيكل التنظيمي الجديد مستخدمين عمليات فنية أو إجراءات أو معدات ما..

مراحل التطوير التنظيمي:

بإيجاز يمكن تحديد مراحل رئيسية للتطوير التنظيمي، كما هي موضحة في الشكل التالي:

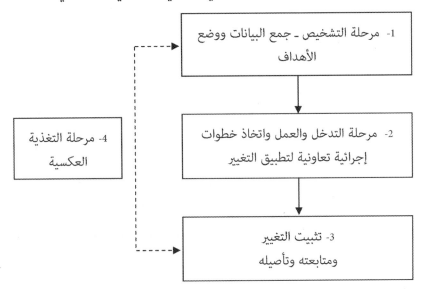

شكل رقم (5)

مراحل التطوير التنظيمي

أساليب التطوير التنظيمي:

هناك أساليب عديدة يمكن الاسترشاد بها لإحداث التطوير التنظيمي، نذكر منها الآتي:

1- تنفيذ خطة التغيير.

2- الإدارة بالأهداف.

3- برامج جودة بيئة العمل.

4- تعظيم الجانب الإنساني في المنظمة.

5- بناء فرق العمل المؤثرة.

6- مدخل التغذية العكسية أو المرتدة.

7- إحداث التغيير عن طريق تقاسم المعلومات.

8- الابتكار والاختراع.

9- البحوث التطبيقية.

10- تدريب الحساسية (التدريب المعلمي أو تدريب المجموعات).

مكعب التطوير التنظيمي:

في ضوء ما سبق يمكن تقديم الشكل التالي والذي يوضح بشكل إجمالي الأبعاد الثلاثية للتطوير التنظيمي:

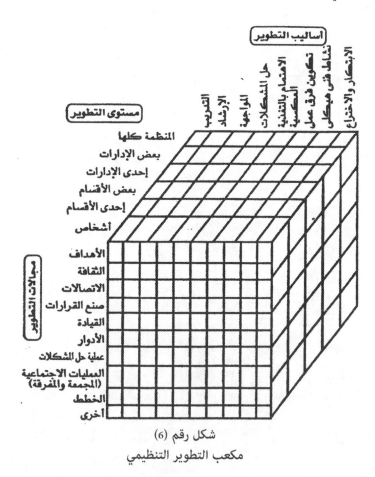

شكل رقم (6)

مكعب التطوير التنظيمي

المنظمات الابتكارية / المبدعة:

يقول كارليل وآخرون أن الابتكار نتاج روح فردية لأن الاكتشافات والاختراعات التي تمت في الماضي والحاضر قد ارتبطت باسم شخص واحد. إلا أن البحوث والدراسات دلت على أن الابتكار عملية يمكن أن تمارسها الجماعات والمنظمات أيضاً.

والابتكار ليس حكراً على منظمات دون أخرى، فكل منظمة يمكن أن تكون منظمة مبتكرة، وذلك إذا أرادت ذلك.

إن استمرار ونجاح أي منظمة يتوقف بشكل رئيسي على قدرتها على الابتكار والتغيير والتطوير.

إن المنظمة التي تخفق في تطوير نفسها، فإنها تترك الفرصة للمنافسين لكي يطيحوا بها، بما لديهم من منتجات أو خدمات أفضل وبأسعار أقل أو ميزة أكبر.

فعلى سبيل المثال عندما أدركت شركة Johnson & Johnson لأدوات التجميل والشامبو أن أسعار منتجاتها مرتفعة عن أسعار المنافسين، بدأت في دعم برامج تطوير العمليات الابتكارية التي ساعدتها على تقليل التكلفة الفعلية، بما أتاح لها الفرصة لاختراق الأسواق والتميز على منافسيها. فعلى سبيل المثال، أنشأت مراكز خدمة العملاء التي ساعدت على تسهيل عمليات التوزيع والبيع وتلافي التضارب والتكرار في خدمات العملاء.

مثال آخر، عندما دخلت الشركات اليابانية مجالات صناعة السيارات والحاسبات الآلية متأخرة كثيراً عن نظيراتها الأمريكية والأوروبية، إلا أن الشركات اليابانية تفوقت بشكل واضح في هذين المجالين نظراً لاهتمامها بشكل مستمر بالابتكار في جميع مراحل العمل. فلقد اهتمت هذه الشركات على سبيل المثال بالابتكار في المواد الأولية وفي عمليات التصنيع والتجميع والتركيب وفي أساليب الإنتاج.. كذلك خصصت هذه الشركات ميزانيات مناسبة للبحوث والتطوير، واهتمت بعمليات التغيير التنظيمي حتى تتلاءم الهياكل التنظيمية والنظم والأهداف مع كون الابتكار عملية مستمرة ولا تتوقف عند حالة أو نقطة معينة..

صفات المنظمات الابتكارية / المبدعة

يمكن تحديد بعض صفات المنظمات الابتكارية في الآتي:

1- تشجيع المبدعين والمبتكرين والمخترعين من العاملين في المنظمة.

2- تبني المواهب من العاملين في المنظمة.

3- استقطاب المواهب وضمهم إلى فريق العمل داخل المنظمة.

4- إحساس العاملين بالأمان الوظيفي، وإمكانية قيامهم بالتجربة مع نسبة الخطأ المسموحة دون المحاسبة عليه. ومن هذا المنطلق يتعلم المرؤوس ويصبح أكثر فاعلية في العمل.

5- إيجاد بيئة عمل تقوم على الثقة بين القيادات والمرؤوسين وإحساسهم التام بها.

6- ضرورة أن تتسم قيادات المنظمة بمستوى عال من سعة الأفق.

7- ضرورة وجود نظام سليم وموضوعي للترقيات يشجع الكفاءات.

8- ضرورة وجود نظام اتصالات متكامل يسمح بتدفق المعلومات رأسياً وأفقياً.

9- تشجيع المقترحات والأفكار ودراسة الشكاوي سواء من الجمهور الداخلي أو الخارجي.

10- الإيمان بأهمية مبدأ التفويض.

11- تخصيص الميزانية المناسبة لتنفيذ البرامج التدريبية لكافة العاملين وخاصة برامج تنمية القدرات الابتكارية.

12- المنظمات الابتكارية ترفع شعار المنظمة التي تتعلم Learning Organization وتطبقه. بمعنى أنها المنظمة التي تهتم بالعلم والبحث والمعرفة والتدريب وتطبيق مفهوم الإدارة بالمعرفة Knowledge Management.

13- المنظمات الابتكارية هي منظمات ذكية Smart Organizations تحاول زيادة نسبة الذكاء الفردي لكل فرد في المنظمة، وزيادة نسبة الذكاء الجمعي للمنظمة ككل. كذلك من صفات المنظمات الذكية أنها تتعلم من أخطاءها ومن أخطاء المنظمات الأخرى،

وتضع الخطط والاحتياطات اللازمة لعدم وقوعها في هذه الأخطاء مرة أخرى في المستقبل.

14- تطبيق الاتجاهات في الإدارة مثل: الإدارة بالحب Management By Love، الإدارة بالمرح Management By Fun، الإدارة على المكشوف Open Book Management.

15- تشكيل لجنة أو لجان للتطوير والابتكار وإعطاؤها الوقت والموارد اللازمين حتى تقوم بدورها بالشكل المتوقع منها.

16- الاستفادة من أساليب تنمية القدرات الابتكارية وتطبيقها لزيادة معدلات الابتكار داخل المنظمة.

وفي كتاب بعنوان: «قيادة الناس Leading People» حدد كل من روبرت روزن Robert Rosen وبول براون Paul Brown ثمانية مبادئ للقيادة الإدارية الناجحة، منهم مبدأ تشجيع الابتكار لدى كل من المرؤوسين والمنظمة.

فالقائد الناجح عليه أن يكتشف النواحي الابتكارية لدى المرؤوسين، بل ويشجعها، ويوفر المناخ الإنساني والإداري لتنمية هذه النواحي.. بمعنى توفير بيئة عمل مناسبة تساعد على المشاركة والتجربة واكتساب الخبرات.

أيضاً على القائد الناجح أن يكتشف النواحي الابتكارية لدى المنظمة ككل من خلال اهتمامه بتشجيع المبتكرين والمبدعين وتطوير وتحسين العمل والاستفادة من أحدث الآلات والمعدات التكنولوجية..

ولقد حاول جاري ستينير Gary Steiner عقد مقارنة بين خصائص كل من الفرد المبتكر والمنظمة المبتكرة كالتالي:

Characteristics of the Creative Individual and Organization

The Creative Individual	The Creative Organization
Conceptual fluency... is able to produce a large number of ideas quickly.	Has idea people. Open channels of communication Ad hoc devices: suggestion systems, brainstorming: idea units absolved of other responsibilities Encourages contact with outside sources.
Originality ... generates unusual ideas.	Heterogeneous personnel policy. Includes marginal, unusual types. Assigns nonspecialists to problems. Allows eccentricity .
Separates source from content in evaluating information... is motivated by interest in problem... follows wherever it leads.	Has an objective, fact-founded approach ideas evaluated on their merits, not status of originator. Ad hoc approaches: anonymous communications; blind votes. Select and promotes on merit only.
Suspends judgment... avoids early commitment... spends more time in analysis, exploration.	Lack of financial, material commitment to products, policies. Invest in basic research; flexible, long-range planning. Experiments with new ideas rather than prejudging on "rational" grounds; everything gets a chance.
Less authoritarian ... has relativistic view of life.	More decentralized; diversified. Administrative slack; time and resources to absorb errors. Risk-taking ethos... tolerates and expects taking chances.
Accepts own impulses... playful, undisciplined exploration.	Not run as "tight ship". Employees have fun. Allows freedom to choose and pursue problems. Freedom to discuss ideas.

Independent judgment, less conformity deviant, sees self as different.	Organizationally autonomous Original and different objectives, not trying to be another "X".
Rich, "bizarre" fantasy life and superior reality orientation.	Security of routine… allows innovation… "Philistines" provide stable, secure environment that allows "creators" to roam Has separate units or occasions for generating vs. evaluating ideas… separates creative from productive functions

أمثلة على منظمات ابتكارية / مبدعة:

أولاً: شركات أجنبية:

1- تجربة شركة ستيل كيس:

في ولاية ميتشجان الأمريكية بناء ضخم يمثل رمزاً للإبداع والتغيير قامت ببنائه شركة ستيل كيس Steelcase إحدى الشركات الأمريكية العاملة في مجال تصنيع أثاث المكاتب والتي تبلغ مبيعاتها السنوية 1.6 بليون دولار.

في هذا الوقت، كانت شركة هيرمان ميلر Herman Miller، هي أقوى الشركات المنافسة لشركة ستيل كيس، حيث كانت تمثل مصدر تهديد تنافسي دائم، فقد حققت نجاحاً باهراً في مجال صناعة أثاث المكاتب اعتماداً على الألواح المتحركة والنماذج الابتكارية الحديثة التي تلبي احتياجات العملاء. لذلك كانت شركة هيرمان ميلر هي الشركة القائدة، وشركة ستيل كيس هي الشركة التابعة.

بدأت شركة ستيل كيس في التفكير في كيفية التميز والتفوق، فقامت بالاستعانة بعدد من الشركات الصغيرة المتخصصة في ابتكار التصميمات الجديدة، فاستطاعت بذلك إنشاء خط متكامل لإنتاج المكاتب الخشبية، وأصبح لها حق إنتاج الأثاث الذي

يصممه كبار المصممين، مثل فرانك لويد رايت Frank Lioyed Wrigth ولاكوربوزيه Le Corbusier. كما قامت أيضا بإعادة بناء مقرها الرئيسي وأعادت تنظيم عملياتها.

لقد صممت الشركة مقرها في شكل هرمي يبلغ ارتفاعه 128 قدماً، وكلفته ما يقرب من 111 مليون دولار أمريكي، بما يعكس الرؤية الجديدة للشركة وحرصها على الابتكار والمظهر العام وأيضاً الجودة.

في الماضي، كان المصممون والمهندسون وفريق التسويق يعملون في مقر منفصل، والآن تم تجميعهم في مكان واحد لتيسير التفاعل بينهم والمساعدة على تبادل الأفكار وابتكار المنتجات الجديدة (الإبداع الإداري).

وعموماً، فإن التقارب المادي بمفرده لن يؤدي إلى التعاون والإبداع، لذلك، كانت الفكرة الأساسية التي ركزت الإدارة على تحقيقها هي الاهتمام بالعمل بداية من أقل مستوى إلى أعلى المستويات الإدارية، والتركيز أيضاً على استغلال كل جزء من المبنى الاستخدام الأمثل حيث غمرت الإضاءة كل مكان فيه، وتم بناء أماكن يمكن فيها العمل وتناول الغذاء، وأماكن لتناول الشاي والقهوة مزودة بلوحات وأقلام لتسجيل الأفكار، وأماكن يستطيع فيها العاملون الانفراد بأنفسهم والتفكير بعيداً عن الضوضاء.

لقد كان المبنى الجديد مصدر إلهام للعاملين، فقد قدمت الشركة العديد من خطوط الإنتاج الجديدة (الإبداع في المنتج).

لقد ركزت الشركة على تطوير مستوى الجودة، وتمكنت بذلك من تخفيض التكلفة بتكوين فرق العمل الموجهة ذاتياً، والاستثمار في مصانعها ومعداتها، وإعادة بناء عملياتها (الإبداع في العمليات)، كما قامت أيضاً ببناء بندول بارتفاع 71 قدماً، يتبع في حركته حركة الشمس كرمز للالتزام بالتغيير المستمر، هذا بالإضافة إلى إنتاج ونشر أشرطة فيديو عن الشركة وتوجهاتها الابتكارية (الإبداع في التسويق).

2- **تجربة شركة سوني** (*):

تعتبر شركة سوني Sony اليابانية مثالاً ناجحاً ـ كأمثلة يابانية أخرى كثيرة ناجحة ـ في جودة منتجاتها وكفاءة أدائها وغزوها للأسواق العالمية. وقد ركزت الإدارة في شركة سوني اهتمامها ووضعت خططها وتنظيمها، بهدف الحصول على أداء ممتاز وتفكير متجدد ورغبة صادقة من عامليها في سبيل الرقي بهذه الشركة. لذلك اتبعت تنظيماً يقوم على الفرق الصغيرة، أي أن الشركة تعتبر تركيباً ضخماً لعدد كبير من الجماعات الصغيرة المتفاعلة. فهناك عدة مستويات من هذه الجماعات:

أ- الطاقم: وهو أصغرها حجماً.

ب- الجماعة: وتتكون من عدة أطقم.

ج- القسم أو الشعبة: وتضم عدة جماعات.

د- الإدارة: وتحتوي بدورها على عدد من الأقسام والشعب.

وتقوم العلاقة بين المديرين والرؤساء من ناحية، والعاملين من ناحية أخرى على الثقة المتبادلة التي تجعل العاملين يؤدون أعمالهم طواعية واختياراً. فلا يتحرك الرؤساء من منطلق السلطة أو يستخدمون قوة الثواب والعقاب. وإنما يشرح الرئيس لعماله الموقف. وهم بدورهم يسألون، ويناقشون ويعارضون، ويقدمون الأفكار، والرئيس يستقبل الأفكار بصدر رحب ولا يضيف بفكرة إن كانت جديدة أو مخالفة أو معارضة. وبالتالي فإن واجبات الوظيفة وأعباءها ليست شيئاً ثابتاً أو جامداً. وإنما هي متحركة يعاد فيها النظر عند الحاجة. كما أن القادة والعاملين متقاربون في الأعمار. فنجد فتاة في التاسعة عشرة من عمرها ترأس مجموعة من الفتيات في مثل عمرها تقريباً. فيثور بينهن تفاهم وتعاون واستعداد لتحمل المسئولية.

وتنساب الأفكار من العاملين للإدارة وبالعكس في حركة مستمرة. فهناك اجتماعات

(*)   المصدر: علي محمد عبد الوهاب وآخرون (2001).

صباحية، ولقاءات أسبوعية وشهرية، وتقارير رسمية ونشرات دورية. وهناك أيضاً رقم تليفوني يستطيع العامل أن يديره، فيرد عليه الموظف المسئول، فيعطيه ويأخذ منه ما يريد من بيانات، ويتحدث معه بشأن ما يكون هناك من مشكلات، وتقوم هذه الاتصالات المستمرة بين العاملين والإدارة، وما يتبع ذلك من تدفق للأفكار، على أسس تتلخص في تبادل المعلومات الصحيحة والتفسير الخلاق للحقائق، والتحرر من التحيز والتفضيل الشخصي، وتوفير جو الإبداع والتجديد، وإعطاء الفرصة للجميع لإثبات الذات والتعبير عن الأفكار وتحمل المسئولية واستمرار التفكير.

3- **تجربة بعض شركات الحاسب الآلي:**

شركة IBM العملاقة كانت أكبر شركة حاسب آلي، ولما لم تكن إبداعاتها في فترة من الفترات على مستوى المنافسة العالمية ظهرت شركة صغيرة وهي شركة ماكنتوش للحاسب الآلي، مصممة على خوض المنافسة وخاصة في مجال الحاسب الشخصي، فلم تعبأ بها شركة IBM وهي محقة في ذلك الوقت، لما وصلت إليه هذه الشركة من مستوى.

ثم أخذت هذه الشركة الجديدة تكبر بإبداعاتها ونافست حتى استطاعت أن تسيطر على 30% من سوق الحاسبات في فترة من الفترات، ثم ظهرت شركة أخرى وهي Microsoft لبرامج الحاسب الآلي واستطاعت احتكار البرامج، وأصبح صاحبها (بيل جيتس) أغنى رجل في العالم لعام 1996، فلم يبقى لشركة IBM إلا الأجهزة، وأيضاً خرجت شركات صغيرة تنتج أجهزة رخيصة فأصبحت شركة IBM في وضع لا تحسد عليه.

وشركة IBM المشهورة جعلت 15% من وقت كل موظف في الشركة مخصص للإبداع بحيث يستطيع استخدام أي جهاز في الشركة وفي أي قسم، لذا فإن كثيراً من الإبداعات التي ظهرت في الشركة جاءت من قبل عامة الموظفين.

4- تجربة شركة تويوتا:

يقول أحد الأمريكيين في هذا الصدد أن تفوق شركة تويوتا في ولاية كنتاكي على شركة جنرال موتورز إنما يعود إلى أن العمال الأمريكيين الذين يعملون في الشركة اليابانية يقدمون آلاف الأفكار سنوياً لتحسين الصناعة، بينما العامل العادي في شركة جنرال موتورز الأمريكية لا يقدم أي فكرة، ولا تشجعه الإدارة على ذلك..

لذلك يقال أن لدى شركة تويوتا 3500 سراً للنجاح، لأن عدد أعضائها يبلغ 3500 موظف يشكلون فريق عمل، وأول ما يعرض على الزائرين للشركة فيلم سينمائي عن العاملين وهم يجرون ويعملون وعلى رؤوسهم قبعاتهم، وعلى أفواههم ابتساماتهم، كلهم يبتهجون بالعمل، ويقوم العمال بأنفسهم بضبط العمل وضبط جودته سواء كانوا أفراد أو كفريق، يفحصون ويحللون كل جزء في عملهم، وكل خطوة في كل عملية تؤكد أنهم لا يعملون بجدية وحسب، بل بجدية وذكاء أيضاً..

الفرق في الإدارة أن العمال الأمريكيين ينتجون منتجات أفضل كثيراً عندما يعملون لدى اليابانيين، أكثر مما ينتجون إذا خضعوا لإدارة أمريكية، في الحالة الأخيرة يشعرون وكأنهم آلات تستجيب لتوجيهات الصفوة الإدارية التي تحتكر التفكير... وفي هذا موت لدافعية وإبداعية العاملين،، وهذا ضد أسرار الثلاثة آلاف والخمسمائة في شركة تويوتا.

5- تجربة شركة .N.C.R:

تعد قصة فرع شركة «.N.C.R» بأسكتلندا من الأمثلة الجيدة الدالة على أن وجود قيادة فعالة مع إدارة كفء هو أساس النجاح لأي مشروع. فقد كان فرع الشركة ينتج آلات حاسبة، وآلات صرافة، وأجهزة حسابية حتى مطلع السبعينات، ولكن مع ظهور تكنولوجيا جديدة ومنافسة قوية كان لابد من إحداث التغيير. وبدأت عملية التغيير والتحديث اللازمة فعلاً بخلق خطوط إنتاج جديدة تعتمد على التكنولوجيا المتطورة أكثر من اعتمادها على الأيدي العاملة الكثيفة. مما أدى إلى تقليص العمالة من مائة ألف

إلى ستين ألف فقط. وقد أدى ذلك إلى هبوط الروح المعنوية ومستوى الأداء بين بقية العاملين. فحاولت الشركة معالجة هذه المشكلة الكارثة بفرعها في اسكتلندا عن طريق إعطاء العاملين مزيداً من الحرية في اتخاذ القرارات وفي اختيار المنتج، وحققت نجاحاً نسبياً إذ بدأت الشركة في إنتاج نوع جديد من بنوك الحائط وقامت بتوزيعه على بعض البنوك في إنجلترا، إلا أن سرعان ما بدأت تظهر عيوب خطيرة في تشغيل المنتج الجديد مما أدى إلى توقف طلبات الشراء وزيادة المخزون، مما دفع بإدارة الشركة في الولايات المتحدة للبحث عن مدير جديد لفرع الشركة في اسكتلندا، ونجحت مساعيها في التعاقد مع المهندس أندرسون الاسكتلندي الأصل والذي كان يتمتع بمواصفات ملائمة من حيث خلفيته الهندسية ومعرفته بظروف الواقع من حوله.

وبدأ أندرسون عمله بالقيام بعدة زيارات إلى مواقع البنوك المختلفة التي أبلغت عن أعطال بالآلات التي استلمتها حديثاً، بالإضافة إلى عقد اجتماعات شبه يومية مع مجموعة من المديرين واجتماعات شهرية مع كل العاملين يتم خلالها الاتفاق على خطة لإصلاح الماكينات في أماكن وجودها بدلا من نقلها، مع خطة أخرى لإعادة تصميم النموذج وتعديل خطوط الإنتاج بما يتلافى الأخطاء والسلبيات السابقة.

وبعد فترة وجيزة بدأت هذه الخطة تؤتي ثمارها في شكل تلقي طلبات جديدة بعد أن تم إصلاح التالف، وبدأت الشركة تستعيد مصداقيتها في السوق مرة أخرى.

وفور تحقيق هذا النجاح بدأ أندرسون في تقوية صلاته بالعاملين ومطالبتهم بالتعاون المستمر معه وإبلاغه بالمعلومات أولاً بأول سواء كانت حسنة أو سيئة، كما دعم ذلك بتشجيع المديرين على عقد اجتماعات دورية مع مرؤوسيهم للتعرف على آرائهم والمشكلات التي تؤرقهم.

وقد كان لتركيزه على الجودة وإصراره على أنها أساس النجاح أكبر الأثر في تحقيق الحلم الذي طالما كان يراوده بإنتاج جيل جديد من بنوك الحائط لها نفس الجودة الموجودة لدى أي شركة منافسة إن لم تتفوق عليها. وكانت أولى خطواته لتحقيق ذلك

تقسيم مهندسي المصنع إلى مجموعتين: مجموعة مسئولة عن إنتاج وتطوير جيل جديد، ومجموعة أخرى لتحسين الجيل الموجود في الخدمة.

وعن طريق مجموعة من الأسئلة مثل ما هي عناصر النجاح؟ ومن هم منافسونا؟ ما هي إستراتيجيتهم؟ ما هو سر نجاحهم؟ وما هي إستراتيجيتنا؟ ما هي رغبات العملاء؟ بطرح هذه الأسئلة على نفسه وعلى العاملين معه، تمكن أندرسون من استيضاح الرؤية ومن وضع الإستراتيجية الواضحة لتحقيقها، ثم شرحها للعاملين بما أدى إلى التزامهم بها وشعورهم بوجود حافز حقيقي على تخطي أية عقبات، فالخطة التي ينفذونها بدأت منهم وتنتهي إليهم.

وقد اكتملت عناصر النجاح مع وجود إدارة على درجة عالية من الكفاءة ساعدت على التخطيط والرقابة وتوفير هيكل تنظيمي يساعد على تحويل التصور إلى واقع، فكان ظهور الجيل الجديد من هذه الآلات بجودة تفوق المنافسين سبباً في زيادة نصيب الشركة في السوق العالمي إلى 42% وبدأ المنافسون يتساقطون.

ومن الواضح أن أحد الأشياء الهامة التي تبرزها هذه القصة الأهمية الكبرى لوجود القيادة الواعية المدركة للدور الذي يمكن أن تقوم به داخل المؤسسة ودفعها لاحتلال مركز متقدم في السوق.

ثانياً: شركات مصرية

يوجد العديد من الشركات المبتكرة في مصر منها على سبيل المثال:

1- تجربة شركة «سيراميكا كليوباترا»:

تنتج هذه الشركة السيراميك سواء للحوائط أو للأرضيات، هذا بالإضافة إلى إنتاج الحمامات، وذلك طبقاً للمواصفات العالمية. ولقد سجلت الشركة حتى عام 2003 حوالي مليون تصميم.

والشركة تغطي نسبة كبيرة من احتياجات السوق المحلية، هذا بالإضافة إلى التصدير

إلى حوالي 170 دولة من دول العالم. وتشارك الشركة في معظم المعارض الدولية للسيراميك وخاصة في ألمانيا والولايات المتحدة الأمريكية. كذلك حصلت الشركة على العديد من الجوائز الدولية هذا بالإضافة إلى جوائز ISO 999 و ISO 9001 في جودة الإدارة و ISO 14001 في إدارة البيئة. وتحرص الشركة على تحقيق شعار: الابتكار والإبداع طريق التميز والنجاح.

ومن مميزات هذه الشركة هو قيامها بدور اجتماعي بارز في مجال خدمة المجتمع، نظراً لإحساسها بالمسئولية الاجتماعية الملقاة عليها تجاه بعض فئات المجتمع المحتاجة مثل: الفقراء والأرامل والأيتام والمرضى الفقراء.. كذلك تدعم الشركة بعض البرامج الدينية في التلفاز، وتنظم بعض الرحلات الدينية مجاناً للفائزين في مسابقات هذه البرامج.

2- تجربة شركة «النساجون الشرقيون»:

تنتج هذه الشركة جميع أنواع السجاد بكافة الألوان والأحجام والكثافات والأشكال. ولقد لاقى إنتاج الشركة ترحيب الشعب المصري نظراً للجودة العالية وجمال التصميمات والذوق الرفيع والألوان الزاهية في سجاد الشركة.

ولقد فتحت الشركة فروع لها في جميع محافظات جمهورية مصر العربية لتوفير السجاد في جميع أنحاء مصر.

كذلك تقوم الشركة بعمل تخفيضات كبيرة في مناسبات عديدة وعلى سبيل المثال: خلال شهر رمضان الكريم وخلال الإجازة الصيفية.. كما تمنح فئات المجتمع مثل: ضباط الجيش والشرطة والذين شاركوا في حرب 6 أكتوبر 1973 ميزة تفضيلية في الأسعار.

وللشركة سمعة دولية في كثير من دول العالم نظراً لتميز إنتاجها، ولهذا تصدر الشركة السجاد لكثير من الدول العربية والأوروبية والأمريكية.

ولقد حصلت الشركة على العديد من الجوائز الدولية، هذا بالإضافة إلى جوائز ISO 999 و ISO 9001 في جودة الإدارة وISO 14001 في إدارة البيئة.

ومن مميزات هذه الشركة، قيامها بدور اجتماعي واضح في مجال خدمة المجتمع، منها على سبيل المثال التبرع بشكل كبير لمستشفى سرطان الأطفال الجديد «مستشفى 57357».

الفصل السابع

وسائل تنمية التفكير
الابتكاري والإبداعي لدى الفرد

أشتمل هذا الفصل على:

- 📖 مقدمـــة.

- 📖 التخيــل.

- 📖 القراءة.

- 📖 الملاحظـة.

- 📖 التركيز.

- 📖 حل المسائل والألغاز والكلمات المتقاطعة.

- 📖 استخدام الأساليب الجمالية.

- 📖 ببساطة: كيف تنمي الابتكار والإبداع لديك؟

95

مقدمــة:

هناك وسائل عديدة لتنمية التفكير الابتكاري لدى الفرد، نذكر منها:

1- التخيل.

2- القراءة.

3- الملاحظة.

4- التركيز.

5- حل المسائل والألغاز والكلمات المتقاطعة.

6- استخدام الأساليب الجمالية.

7- التعلم.

8- التعليم.

9- التدريب.

10- السفر.

11- الاستفادة من خبرات الآخرين.

12- تسجيل الأفكار أول بأول.

وسوف يتناول الفصل الحالي الوسائل الست الأوائل كأمثلة على هذه الوسائل.

1- التخيل Visualization:

تؤكد أنا كرافت Anna Craft بأن الإبداع هو التخيل. والتخيل أو الخيال Imagination أحد وظائف العقل، وهو ضمن مهام الفص الأيمن في المخ. ويستطيع معظم الأشخاص التخيل بالرغم من عدم معرفة البعض ذلك. وببساطة فإن التخيل هو تصور حدث ما.

ويعرف عبد الرحمن العيسوي التخيل بأنه الاستخدام البناء أو الإيجابي للخبرة الإداركية السابقة، أي لما سبق للفرد أن أدركه ومر في خبرته. والتخيل ليس في مجموعه استرجاعا أو تذكرا للخبرات السابقة التي مر بها الفرد، وإنما هو تنظيم جديد أو إدراك جديد للمادة المستمدة من الخبرات السابقة.

وكما أن التخيل قد يكون للأحداث الماضية، فإنه هناك تخيل للخبرات المستقبلية. وهذا التخيل يخضع لعدة عوامل منها: العاطفة والمعتقد والخبرات السابقة وخلافه. ولا يشترط أن يتشابه اثنان في تخيل شيء واحد، بل ربما يكونا مختلفين للعوامل المذكورة سابقا.

وللتخيل أنواع عديدة، يمكن تحديدها في:

1- الخيال المرئي أو البصري   Visionary
2- الخيال الشمي   Olfactory
3- الخيال السمعي   Auditory
4- الخيال التذوقي   Gustatory

إن الأشخاص المعتادين على العيش في عالم رأسي ـ المفكرين التحليليين ـ يمكن أن يقوموا بتدريب أنفسهم على تخيل رؤية الروابط التي قد تظهر غير مترابطة في مشكلة ما.

إن التخيل المرئي أو البصري، عملية يمارس فيها الفرد كل طاقاته في السيطرة والتحكم. وهذا الأسلوب يشتمل على عدة خطوات هي كالتالي:

1- استرخاء Relaxation الجسم والعضلات.
2- إراحة اليدين والقدمين في الوضع الذي تراه مناسبا لذلك.
3- غلق العينين.
4- التنفس بعمق.
5- إراحة المخ والعقل من كل التأثيرات المجهدة.
6- الانفصال عن بعض القواعد والاعتقادات.
7- إخبار العقل بكل ما يراه الشخص.

وتساعد عملية التخيل في حل المشكلات عن طريق إحلال صور خيالية من النجاح محل مشاعر الخوف من المجهول. أيضا يساعد التخيل التفكير الابتكاري، لأنه من خلال التخيل يستطيع الإنسان رؤية المستحيل.

وهذا التخيل يخضع لعدة عوامل منها: العاطفة والمعتقد والخبرات السابقة وخلافه. ولا يشترط أن يتشابه اثنان في تخيل شيء واحد، بل ربما يكونا مختلفين للعوامل المذكورة سابقا.

2- مهارة القراءة:

تعريف القراءة:

من مهارات الاتصال مهارة القراءة Reading Skill. وعلى كل من المرسل والمستقبل اكتساب مهارة القراءة لكل أنواع الاتصالات المكتوبة سواء كانت تقرير أو خطاب أو مذكرة أو فاكس أو بريد إلكتروني..

والقراءة تعتبر لغة منطوقة Spoken Language وهذا النوع من اللغات يستخدمه الإنسان للاتصال بالآخرين من خلال الحديث والحوار Dialogue معهم. ويطلق عليها أحيانا بالاتصال الشفهي Vocal Communication.

وأول أمر صدر لجميع المسلمين جاء في أول آية قرآنية نزلت على سيدنا محمد صلى الله عليه وسلم، حيث يقول الله سبحانه وتعالى:" اقرأ باسم ربك الذي خلق (1) خلق الإنسان من علق (2) اقرأ وربك الأكرم (3) الذي علم بالقلم (4) علم الإنسان ما لم يعلم (5) " (العلق: 1-5).

أهمية القراءة:

والقراءة هامة جدا لأي إنسان فهي الطريق إلى المعرفة Knowledge والتي بدورها تحقق الفهم Understanding.

98

تمريـن:

ما هي أهمية القراءة (فوائد القراءة)؟

1- ....

2- ....

3- ....

أنواع القراءة:

1- القراءة المتعمقة والقراءة السريعة.

2- القراءة الأفقية والقراءة الرأسية.

ويحتاج كل منا أن يكتسب مهارة القراءة لكل هذه الأنواع، لأن لكل نوع مناسبة ووقت ومقام ومقال.

تمريـن:

1- متى يحتاج الإنسان إلى القراءة المتعمقة؟

....

....

2- متى يحتاج الإنسان إلى القراءة السريعة؟

....

....

3- متى يحتاج الإنسان إلى القراءة الأفقية؟

....

....

4- متى يحتاج الإنسان إلى القراءة الرأسية؟

....

....

3- الملاحظة Observation:

الملاحظة أو المراقبة أو المشاهدة هي النشاط العقلي للمدركات الحسية، وهي من أقدم الطرق لجمع البيانات من المبحوثين. وأول من طور هذه الأداة واستخدمها بشكل كبير الباحثين في علم الأنثروبولوجيا.

والغرض الرئيسي للملاحظة هو تدوين ما تراه فقط من سلوك وتصرفات وحركات ومشاعر سواء سلبية أو إيجابية.

والملاحظة كمهارة من المهارات التي يجب التدريب عليها واكتسابها، تتطلب منه الانتباه Attention الجيد. ويتحقق الانتباه من خلال:

1- اليقظة.
2- اختيار المثير.
3- التركيز.
4- الحذر.

وعلى الشخص أن يتدرب على الانتباه التلقائي من خلال تمييزه بين المثيرات المهمة وغير المهمة، وأن يتجاهل المثيرات غير المهمة والتافهة والتي ليس لها علاقة بموضوع الملاحظة. وأثناء الملاحظة تزداد المثيرات وتتوالى بسرعة وتتنوع، مما قد يعمل على خفض وتشتت الانتباه لدى الشخص. لذلك عليه أن يدرب نفسه على التعامل مع هذه المشكلة دون أن تنخفض قدرته على الانتباه كعنصر أساسي في عملية الملاحظة.

تدوين الملاحظة:

1- بدقة.
2- بموضوعية.
3- بجمل قصيرة.
4- بجمل واضحة.
5- بسرعة ما أمكن.

6- عدم تفسير ما تراه (فلان فعل ذلك لأن........)، ربما يكون تفسيرك صحيحا، ولكن ليس هذا دور الملاحظة، والتفسير يأتي لاحقا.

4- التركيز:

التركيز Focusing يعني عدم التشتت وتوجيه التفكير والاهتمام على نقطة معينة.

والتركيز قد يكون على موضوع معين (مثال: موضوع تطبيق الجودة الشاملة) أو على غرض معين (مثال: الوصول إلى حلول لمشكلة معينة)... والمثل الشعبي يقول: اعرف أي شيء عن كل شيء واعرف كل شيء عن شيء.

5- حل المسائل والألغاز والكلمات المتقاطعة (اختبر ذكائك)

أولا: اختبر معلوماتك:

1- من هو أول من رمي بسهم في سبيل الله؟
2- ما هو أقل بحار العالم ملوحة؟
3- ما هي المدينة التي تسمى بالتفاحة الكبيرة؟
4- ما هي أضخم طائر على سطح الأرض؟
5- كم عدد أرجل العنكبوت؟
6- ما هي أطول عظام الإنسان؟
7- ما هو أقصر عظام الإنسان؟

ثانيا: الرياضيات:

● اجمع: $15 + 20 + 72 + 62 =$

● اطرح: $672 - 296=$

● اقسم: $= 350 \div 24 =$

● اضرب: $238 \times 65 =$

ثالثا: الاستخدامات:

اذكر أكبر عدد من الاستخدامات غير المألوفة لمشبك الأوراق (كلبس الأوراق Paper Clips).

رابعا: الملاحظة:

1- كم مربع في هذه الصورة؟

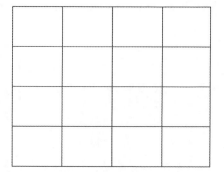

2- حدد أي من الدائرتين السوداتين أكبر من الأخرى؟

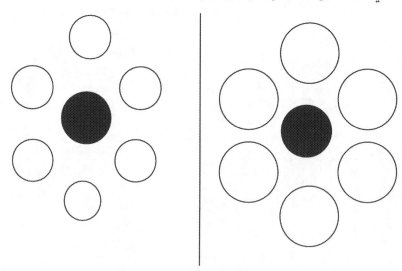

خامسا: الاستدلال والاستنتاج:

1- ما هو الرقم الذي يجئ بعد هذه الأرقام؟ 144-121-100-81-64؟

17 19 36 49

2- ولد عمره 4 سنوات،وأخته عمرها ثلاثة أمثال عمره، فما هو عمر أخته عندما يصل عمر الولد إلى 12 عاما.

16 عاما 20 عاما 24 عاما 28 عاما

3- افترض أن العبارات الآتية صحيحة:

كل من لديه شعر بني من الرجال ذو مزاج سيء . وفتحي لديه شعر بني. وبالتالي يمكن أن نقول أن فتحي ذو مزاج سيء.

العبارة صحيحة العبارة غير صحيحة لا يمكن التحديد

4- سيارة قطعت 28 ميلا في 30 دقيقة، كم ميل يمكن أن تقطعها هذه السيارة خلال ساعة؟

28 36 56 58

مفتاح الإجابة:

أولا: اختبر معلومات:

1- سعد بن أبي وقاص.
2- بحر الشمال.
3- نيويورك
4- النعامة الإفريقية
5- ثمانية أرجل
6- عظمة الفخذ.
7- عظمة الركاب داخل الأذن الوسطى.

ثانيا: الرياضيات:

- الجمع = 170

- الطرح = 376
- القسمة = 14.58
- الضرب = 15470

ثالثا: الاستخدامات:

كلما ذكرت عددا كبيرا من الاستخدامات (أكثر من 10 استخدامات) دل ذلك على درجة ذكاء أعلى.

رابعا: الملاحظة:

25 مربعا

الدائرتان السودتان متساويتان

خامسا: الاستدلال/ الاستنتاج:

1- 49.

2- 20.

3- العبارة صحيحة.

4- 56.

استخدام الأساليب الجمالية:

إن استخدام بعض أساليب وطرق الجمال في حياتنا، كفيل بأن يجرنا إلى مجال الخيال، ويجعلنا ندخل في مجال التفكير الحر، وتنطلق مع ذلك كل ملكات الإبداع والابتكار، ومن الطرق الجمالية للتفكير ما يلي:

1- الرسـم.

2- الكاريكاتير.

3- القصص والتمثيليات والحواديت.

4- الشعر والزجل.

5- الأغاني والمواويل.

وسوف يتم شرح بعض هذه الطرق في الفصل التاسع من الكتاب الحالي.

ببساطة: كيف تنمي الابتكار لديك؟

1- **الإيمان بأنك قادر على أن تكون مبتكرا:** لأن الله سبحانه وتعالى خلق لك عقلا له فصين: منهما الفص الأيمن المسئول عن التفكير الابتكاري.

2- **عدم الإيمان بالخرافات السابق ذكرها والمتعلقة بالقدرة الابتكارية.**

3- **الانتباه للفخاخ والمصائد ـ السابق ذكرها ـ التي قد توضع أمامك.**

4- **القراءة ثم القراءة ثم القراءة.**

5- **مرن حواسك على التعرف على البيئة المحيطة بك بشكل أفضل.**

6- **الصبر الطويل: الصبر** مفتاح الفرج. فمن لا صبر له لن يستطيع تحمل الإخفاق مرة وراء أخرى. والأمثال الشعبية تقول من صبر حصل على كل شيء

Everything comes to him who waits.

7- **كثرة المحاولة وتكرارها:** فلا تيأس مع أول إخفاق، لأن الإخفاق بداية النجاح، ولأن اليائس لن يبدع أبدا.. فعلى سبيل المثال إديسون أخفق (250) مرة قبل أن يبدع المصباح الكهربائي؟!

8- **النظر دائما للأمور من زاوية غير عادية.**

9- **النظر إلى الأشياء من زاوية غير مألوفة.**

10- **حاول أن تصنع أو تبتكر شيئا لم يفعله أحد قبلك:**

فصاحب مطاعم كنتاكي الشهيرة في العالم كله، لم يكن إلا طباخا بسيطا في إحدى المطاعم بالولايات المتحدة الأمريكية، صاحب راتب زهيد.. وكانت بداية قصة ثرائه، عندما حاول أكثر من مرة في إعداد بهارات الدجاج بشكل غير معتاد أو غير مألوف، فاخترع وابتكر الخلطة السحرية للكنتاكي.

أخيرا، يقول إديسون - والذي سجل باسمه 1200 براءة اختراع (منها المصباح الكهربائي والآلة الكاتبة والفونوغراف..) - أن سبب نجاحه 2% وحي وإلهام و98% عرق وجد وجهد.

الفصل الثامن

أساليب تنمية التفكير الابتكاري
والإبداعي لدى العاملين بالمنظمة

أشتمل هذا الفصل على:

📖 العصف الذهني.

📖 القائمة المعدة مسبقا.

📖 التحليل المورفولوجي.

📖 التآلف بين الأشتات.

📖 أسلوب دلفاي.

📖 أسلوب القبعات الست للتفكير.

📖 نافذة جوهاري.

هناك عدد لا نهائي من أساليب تنمية التفكير الابتكاري في حل المشكلات ومن أهم هذه الطرق أو الأساليب نذكر:

1- العصف الذهني:

لقد اخترع أليكس أوزبورن Alex Osborne عام 1938 أسلوب العصف الذهني Brainstorming كأحد الأساليب الابتكارية في حل المشكلات.

ويوضح كلمستد Clmsted عام 1978 هذا الأسلوب بأنه طريقة تعتمد على تبادل التنبيه بالأفكار بين أعضاء جماعة صغيرة. والمفروض أن تبدأ جلسة العصف الذهني بعدم وضوح وتنتهي بوضوح تام وبأفكار جديدة.

يعد العصف الذهني (أو الأفكار أو استمطار الأفكار) وسيلة للحصول على أكبر عدد من الأفكار من مجموعة من الأفراد وفي وقت قصير، وذلك من خلال عرض المشكلة عليهم ومطالبتهم بأن يدلوا بأكبر عدد من الأفكار من أجل حلها، ويعتمد نجاح هذا الأسلوب على أربعة شروط رئيسية هي:

أ - تأجيل تقييم الأفكار: إذ يتم إرجاء التقييم أو النقد لأية فكرة إلى ما بعد جلسة توليد الأفكار.

ب- عدم وضع قيود على التفكير: فالفرد يجب أن يفكر بحرية، وأن يندفع بخاليه وأحلامه، ويترك لعقله الباطن حرية التعبير.. فوضع القيود يقلل من الانطلاق في التفكير.

ج- كمية الأفكار هي المهمة وليس نوع الأفكار: فكلما زاد عدد الأفكار كلما كان ذلك أفضل لتوفير أفكار أصيلة.

د- البناء على أفكار الآخرين وتطويرها: فمن الممكن للفرد استعمال أفكار الآخرين كأساس لاكتشاف أفكار جديدة مبنية عليها.

وطبقا لهذا الأسلوب يختار المدير المشكلة المطلوب دراستها في الاجتماع ويجب أن تكون المشكلة راهنة وذات أهمية لتبرير اشتراك الآخرين، ومن جانب آخر يجب أن يكون المدير متفتح الذهن وأن يقود الجماعة بقوة وحماس وقدرة وأن يظهر اهتمامه بالاشتراك في تقديم الأفكار والتمتع بأفكار الآخرين.

ويتراوح عدد المشاركين في الاجتماع ما بين 6-16 شخصا والعدد المثالي هو 12 شخصا، ويجب أن يكون المشاركون من مستوى إداري متقارب، ويمكن التغاضي عن هذا الشرط في المنظمات صغيرة الحجم، على أساس أن هناك تعارفا بين الجميع.

وتجدر الإشارة إلى أنه يجب أن يشارك في اجتماعات العصف الذهني فردان أو ثلاثة أفراد ليس لديهم معلومات سابقة عن المشكلة المطروحة للبحث، وذلك حتى لا تعوقهم التفاصيل عن مساعدة الآخرين في رؤية المشكلة والحلول المقترحة لها من زوايا جديدة، كما لا يجوز السماح للمراقبين في الحضور.

ويجب أن يسهم كل الحاضرين في الاجتماع، كما يجب دعوة المشاركين قبل الاجتماع بيومين على الأقل، وأن يعقد الاجتماع في الصباح الباكر قبل أن ينشغل المشاركون في مشكلاتهم الخاصة.

ويطلب المدير من أحد المشتركين أن يكون مساعدا له في كتابة الأفكار وتعليق الأوراق المكتوبة على الحائط أمام الجميع، وعند انتهاء الاجتماع يشكر المدير المشاركين على مساهمتهم، ويؤكد لهم أنهم سوف يحاطون علما بالأفكار التي تم اختيارها، ويدعو اثنين أو ثلاثة منهم لحضور اجتماع تقييم الأفكار.

ويعقد اجتماع تقييم الأفكار بعد اجتماع العصف الذهني بيوم أو بيومين حتى يمكن جمع الأفكار، وبعد تقييم واختيار الأفكار يجب توزيع كل الأفكار مطبوعة بعد وضع الأفكار التي تم اختيارها.

أهم مبادئ العصف الذهني

- إرجاء التقييم

- إطلاق حرية التفكير

- الكم قبل الكيف

- البناء على أفكار الآخرين

2- القائمة المعدة مسبقا:

عرض أليكس أوزبورن Alex Osborne هذا الأسلوب كطريقة مبسطة لتوليد الأفكار، وهو أسلوب يقوم أساسا على ما يشبه القائمة المعدة مسبقا، والتي تتضمن مجموعة من البنود، ويمثل كل بند منها نوعا معينا من التغيير أو التعديل للشيء محل التفكير، وتأخذ هذه البنود طابع الأسئلة المحفزة على التفكير في إجابات لها، أو النظر في إمكانية تطبيقها علميا:

وبعبارة أخرى يتعين على الفرد الذي يستخدم هذا الأسلوب أن يسأل نفسه عددا من الأسئلة حول المنتج مثلا الذي يرغب في تعديله أو تحسينه، وهذه الأسئلة مثل:

- هل يمكن استخدام المنتج في أغراض أخرى وما هي؟

- هل يمكن تعديل بعض مواصفاته؟ وما هي؟

- هل يمكن تطويع المنتج حتى يناسب مجال جديد؟

- هل يمكن إضافة عنصر جديد للمنتج الحالي؟

- هل يمكن تصغير حجم المنتج الحالي؟

- هل يمكن إنقاص شيء من المنتج الحالي؟

- هل يمكن إحلال عنصر بعنصر آخر في المنتج؟

- هل يمكن عكس أجزاء المنتج وقلبها رأسا على عقب؟

- هل يمكن إعادة ترتيب أجزاء المنتج؟

- هل يمكن ضم أجزاء في المنتج إلى بعضها ودمجها لعمل تكوينات جديدة من المنتج؟

ويطلق أحيانا على هذا الأسلوب طريقة سكامبر SCAMPER والتي ابتكرها Bob Ebetle لتساعدك وتساعد المنظمة على توليد أفكار جديدة. ويمكن عرض هذه الطريقة كالتالي:

المرحلة	السؤال
1- بدل Substitute	ماذا الممكن أن نستخدم بدلا من أحد الأجزاء؟
2- أضف Combine	ماذا من الممكن أن نضيف؟
3- عدل Adapt	كيف يمكننا أن نعدل بحيث يناسب حالات معينة وأغراض متعددة؟
4- غير Modify	كيف يمكننا أن نغير اللون، الشكل، الطول، العرض، المادة المصنوعة؟
5- كبر Magnify	كيف يمكننا أن نكبرها، نقويها،
6- صغر Minify	كيف يمكننا أن نصغرها، نخفيها، نقصرها؟
7- استخدامات أخرى P.T.O.U	هل هناك استخدامات أخرى؟
8- أحذف Eliminate	ما هو الشيء الممكن حذفه أو أخذه منها؟
9- أقلب Reveres	فكر في أن تقلب هذا الشيء، وانظر إليه بالعكس
10- أعد ترتيب Rearrange	كيف يمكن أن نغير في ترتيب الحركات أو الأعمال؟

ويطرح دونالد ويز Donald Weiss قائمة تشتمل على عدد من التساؤلات إذا أردنا، على سبيل تطوير المنظمة التي نعمل بها:

- هل نستطيع أن ننجز أعمالنا بطريقة جديدة؟

● هل نستطيع استبدال ما نقوم به بأشياء أخرى؟

● هل نستطيع أن نفترض أو نطبق ما يفعله الآخرون؟

● هل يمكننا إعطاء الأساليب القديمة لونا جديدا؟

● هل نحتاج فقط المزيد من نفس الأشياء؟

● هل يمكننا إعادة تنظيم ما نقوم به بالفعل؟

● هل نستطيع القيام بكل ما هو عكسي؟

● هل يمكننا جمع وربط كل الأساليب أو الوظائف معا؟

● هل نحتاج فقط القليل من نفس الأشياء؟

3- التحليل المورفولوجي Morphological Analysis

يستهدف هذا الأسلوب تنمية مهارات الأفراد في إنتاج مجموعة كبيرة من «التوافيق والتباديل» الممكنة للعناصر التي تدخل في الشيء محل الدراسة أو الاهتمام:

ويقوم هذا الأسلوب على تحليل أي مشكلة إلى أبعادها الهامة، ثم يتم بعد ذلك تحليل كل بعد من هذه الأبعاد إلى متغيراته الجزئية، بحيث يمكن بعد ذلك إنتاج مجموعة من التكوينات «الفكرية» من خلال تكوين أو دمج هذه العناصر الجزئية بعضها مع بعض بطريقة جديدة.

ومن ثم يمكن التوصل إلى حلول كثيرة بهذه الطريقة. بيد أن غالبية هذه الحلول قد تكون غير عملية، بل قد تكون مستحيلة التحقيق، ولذلك تكون أخر خطوة في هذا الأسلوب هي تقييم الحلول واختيار الحل القابل للتنفيذ والذي يعتبر في نفس الوقت أكثر الحلول جدة وأصالة.

ويوضح الشكل التالي مثالا لاستخدام التحليل المورفولوجي، في محاولة افتراضية لتطوير منتج ما، وقد اعتبرت السمات التالية أبعادا هامة في هذا المنتج.

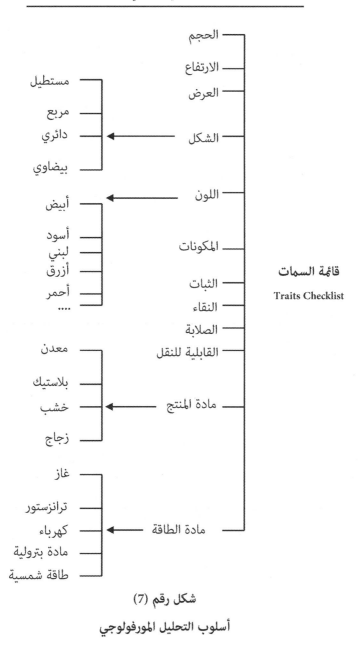

شكل رقم (7)

أسلوب التحليل المورفولوجي

4- التآلف بين الأشتات Synectics

هي كلمة يونانية تعني الربط بين العناصر المختلفة والتي لا تبدو بينها صلة ما أو رابطة معينة.

وهذه الطريقة متشابهة مع طريقة العصف الذهني من حيث اشتراك الأعضاء في توليد وإنتاج الأفكار الجديدة، وخلق المناخ الحر، غير أن طريقة تآلف الأشتات لها طابع خاص بها، وهو استعمالها للكنايات والاستعارات والتماثلات والمجازات التي قد تكون شخصية، مباشرة، رمزية، خيالية.

وبعض الكتابات تطلق على هذه الطريق مصطلح التشابه أو المقارنة أو التناظر Analogy.

وتقوم هذه الطريقة على جعل الغريب مألوفا وجعل المألوف غريبا. ففي البداية يتم التعرف على الجديد، أي على المشكلة التي ينبغي أن تتخذ طابعا مألوفا عبر تحليلها والوقوف على الأجزاء التي تشملها، ومن ثم تحديدها تحديدا دقيقا. وهناك من جهة أخرى مشكلات قد تكون بسيطة أو مألوفة وعند ذلك ينبغي إدخال الآلية العكسية، أي أن تصبح المشكلة غريبة وغير عادية، ومن ثم يتم النظر فيها من زوايا مختلفة بحيث يتم الوصول إلى حل سهل وإبداعي.

وهناك ثلاث نقاط يمكن عن طريقها تيسير هذا الأسلوب هي:

أ - التناظر المباشر Direct Analogy، أي اكتشاف مدى التشابه بين شئ ما وأشياء أخرى مألوفة بالنسبة لك مثل النظم البيولوجية.

ب- التناظر الشخصي Personal Analogy، أي التظاهر بأنك أنت المشكلة ذاتها لاكتشاف كيف ستفكر في الحلول.

ج- التناظر الرمزي Symbolic Analogy ، أي وضع تعبيرات مختصرة للمشكلة، ثم استخدام التناظر في العصف الذهني.

5- أسلوب دلفاي Delphi Technique

يقوم هذا الأسلوب على أساس اختيار أحد الأفراد كمنسق، بشرط أن يكون على دراية كبيرة بكيفية تطبيق هذا الأسلوب، كذلك يتم اختيار مجموعة من الخبراء في الموضوع أو الفكرة المطروحة للتقييم.

يقوم المنسق باستلام إجابات الخبراء منفردة ويفرغها في جداول أو أشكال بيانية تبين مدى الاتفاق أو الاختلاف في آراء الخبراء الذين لا يعرفون بعضهم البعض، حيث يكون اتصالهم بالمنسق فقط.

وبعد ذلك يقوم المنسق بإعداد ملخص النتائج التي توصل إليها الخبراء الآخرون ويرسله إلى كل خبير، ويسأله عما إذا كان لا يزال متمسكا بوجهة نظره تجاه الفكرة أو المشكلة الموضوعة أم لا؟ وهل هناك تعديلات أو تغييرات يود إدخالها على رأيه السابق أم لا..؟

ويكرر المنسق هذه العملية عدة مرات إلى أن يصل إلى درجة من الثبات النسبي في الإجابات. فيبدأ في استخدام الإجابات في الوصول إلى حل المشكلة المعروضة أو تقييم الفكرة المطروحة، ويمكن تلخيص الأهداف التي تسعى طريقة دلفاي إلى تحقيقها فيما يلي:

أ-   تحديد أو تنمية عدد من البرامج البديلة والممكنة.

ب-   الكشف عن الافتراضات الأساسية أو المعلومات التي تؤدي إلى أحكام مختلفة.

ج-   الكشف عن المعلومات التي تؤدي إلى إجماع أو اتفاق الجماعة.

د-   ربط النتائج التي تم التوصل إليها بشأن الموضوع بمدى واسع من فروع المعرفة.

هـ-   تعليم أفراد الجماعة المستجيبة كيفية التعمق والتفاعل مع النواحي المختلفة للموضوع المطروح.

هذا ويمكن تحديد خطوات أسلوب دلفاي بشكل آخر كما شرحها جيمس هينجر في كتابه 100 طريقة إبداعية لحل المشكلات الإدارية كالتالي:

أ-   يقوم المسئولون عن التنبؤ بإعداد استقصاء اعتمادا على رؤيتهم للمشكلة.

ب- يتم إرسال الاستقصاء بالبريد إلى مجموعة من الخبراء الذين يستجيبون للأسئلة الواردة به.

ج-   يتم جمع استجابات الأفراد وتلخيصها.

د-   تعاد الملخصات إلى المستجيبين لمعرفة ردود أفعالهم.

هـ-   تستمر العملية إلى أن يتم التوصل إلى اتفاق جماعي.

6- أسلوب القبعات الست للتفكير

صدر كتاب بعنوان القبعات الست للتفكير The Six Thinking Hats للمؤلف إدوارد دي بونو Edward De Bono، حدد فيها ست قبعات كل قبعة لها لون محدد. وعلى الإنسان الناجح أن يلبس القبعة المناسبة لطبيعة الموقف الذي يواجهه، وللدور المناسب الذي يجب أن يقوم به تجاه هذا الموقف.

أسلوب القبعات الست للتفكير هو أسلوب سهل وبسيط وعملي، ويهدف إلى إعطاء دليل للمدربين، في كيفية تشجيع الأفكار الابتكارية والاستفادة منها، وخلق المناخ الملائم للابتكار. وقد استخدم هذا الأسلوب في شركات عالمية عديدة منها شركة IBM والتي تضم 40000 مدير في فروعها في دول العالم المختلفة، وأيضا شركة NTT اليابانية والتي يعمل بها 35000 موظف بمدن اليابان، وغيرها من الشركات الكبرى. وقد استخدمت هذه الشركات هذا الأسلوب من خلال تدريب مديريها على كيفية تشجيع ورعاية الأفكار الجديدة، وخلق المناخ الملائم لها.

والقبعات الست تشير إلى ستة أنواع من التفكير لدى الإنسان، هي كالتالي:

1- القبعة البيضاء: تشير إلى الحيدة والتفكير الواقعي والموضوعي.

2- القبعة الحمراء: تشير إلى التفكير الانفعالي أي التفكير القائم على المشاعر والعواطف أو الأحاسيس.

3- القبعة السوداء: تشير إلى المعارضة والنقد والتفكير الحذر السلبي، أي التفكير القائم على النظر إلى الأمور بحذر.

4- القبعة الصفراء: تشير إلى التفكير الإيجابي البناء القائم على الأمل والانفتاح والإقبال على الحياة.

5- القبعة الخضراء: تشير الإبداع والتفكير الخلاق القائم على النمو والانطلاق وابتكار الأفكار الجديدة.

6- القبعة الزرقاء: تشير إلى المراقبة والإدارة والتفكير القائم على التخطيط والتنظيم.

وسوف نتحدث كنموذج على هذه القبعات عن كل من: القبعة الحمراء والقبعة الصفراء.

القبعة الحمراء: The Red Hat

عندما دخلت المشاعر والعواطف عالم الأعمال اكتمل المعمار الإنساني للمنظمات. فأصبحت كيانات حية، تنمو وتمتد وتقوى وتشيخ وتموت أيضا.

ولا يمكن المحافظة على رأس المال الاجتماعي دون الارتقاء بالذكاء العاطفي Emotional Intelligence للعاملين وتدريبهم على إدارة عواطفهم وحثهم على التعبير عنها في أماكن العمل. فمن المستحيل أن يترك الإنسان منظومة عواطفه في منزله قبل الذهاب إلى عمله كل صباح. كما لا يعقل أن يعطل الإنسان إحساسه بعواطفه ومشاعره في أوقات العمل الرسمية.

واللون الأحمر من الألوان الدافئة الساخنة، ولذلك يتم ارتداء القبعة الحمراء

حينما نريد أن نعبر عن المشاعر والعواطف تجاه موقف أو موضوع أو فكرة أو مشكلة دون تبرير لهذه المشاعر والعواطف.

فالقبعة الحمراء لا تهتم بالحقائق، ولكن تهتم بمشاعر الناس فقط.

ويشير سعد الدين خليل عبد الله إلى أن المشاعر والأحاسيس تمثل جزءا هاما من التفكير. فالمشاعر تدخل في التفكير في كل الأوقات. فنحن نبحث عن الموضوعية ولكننا (خارج الرياضيات) نادرا ما نكون موضوعيين وفي النهاية تكون جميع الاختيارات أو القرارات معتمدة على المشاعر.

إن هدف القبعة الحمراء هو السماح لنا بطريقة أو أسلوب تضع مشاعرنا أمامنا. لذلك فهي تحتل جزءا من التفكير.

إن الحدس أو البديهة تعتمد غالبا على الخبرة في أمر ما. فلدينا حدس ما بأن شيئا ما هو أفضل ما نؤديه. لكننا لا نستطيع أن نشرح بدونه كيف توصلنا إلى ذلك الاستنتاج. فالحدس غالبا ما يكون ذا قيمة عالية. وفي بعض الأحيان يكون الحدس متشائما (فيما يتعلق بالاحتمالية).

القبعة الصفراء Yellow Hat:

القبعة الصفراء تشير إلى الشمس والتفاؤل والسرور، وارتداؤها للتحدث عن المزايا والمنافع عن هذه الفكرة حتى ولو تم رفضها، إنه التفكير في الإشراق والتفاؤل. إن القبعة الصفراء مملوءة بالأمل ـ ولكن حيث أنها قبعة منطقية فيجب إعطاء الأسباب وراء هذا الأمل. وبصفة عامة فإن القبعة الصفراء تتطلع إلى المستقبل: (إذا فعلنا ذلك، فإن هذه الفوائد ستظهر...).

ويشير سعد الدين خليل عبد الله إلى أن المفكر بالقبعة الصفراء يسأل نفسه التساؤلات الآتية:

ما هي الفوائد؟

● إن المفكر بالقبعة الصفراء يبحث عن إيجاد وإظهار الفوائد.. ما هي الفوائد؟ ولمن هذه الفوائد؟ وكيف تظهر هذه الفوائد؟

● ما هي هذه المميزات؟ ولماذا تستحق الأداء والتنفيذ؟ وما هي طبيعة هذا التحسن؟

● قد تكون هناك تكلفة عالية.وقد تكون هناك تحسنات في الوظيفة. وقد تكون هناك فرصا جديدة تفتح مجالات واسعة.

● ما القيم والتقييمات الموجود هنا؟ ومن الذي سيتأثر بهذه القيم والتقييمات؟

ويجب أن نتذكر دائما أن المفكر بالقبعة الصفراء ينظر فقط إلى الفوائد أو التأثيرات الإيجابية. والسبب في ذلك هو أننا نحتاج إلى التزود بجزء من تفكيرنا حيث نجعل هذا التأمل والدراسة والتأني جهدا إيجابيا. إن التفكير بالقبعة الصفراء ليس تقييما لجميع القيم ولكن للقيم المفيدة فقط.

ومن المفضل ملاحظة أنه إذا لم يحضر التفكير بالقبعة الصفراء فوائد كافية فإن الشيء لا يستحق الفعل بأية طريقة، وإذا لم يكن ممكنا إيضاح مثل هذه الفوائد، فإن الأمر ما زال يجب تقييمه باستخدام القبعة السوداء.

فوائد أسلوب القبعات الست:

يمكن حصر الاستفادة من أسلوب القبعات الست في النقاط الآتية:

1- توفير الوقت الملائم للتفكير الابتكاري.

2- الحصول على الأفكار الابتكارية من خلال طرح أسئلة على الآخرين.

3- الحد من تأثير الاتجاهات السلبية للأفراد نحو الابتكار.

4- تشجيع الغير على الاستفادة من أي فكرة ابتكارية.

نافذة جو هاري

لمزيد من الفهم للذات البشرية يمكن الاستفادة من أداة تحليلية مبسطة، ألا وهي نافذة جو هاري - علماء في النفس البشرية ـ والتي تمثل أسلوبا لتحليل العلاقات المتداخلة بين الفرد والناس (الآخرون)، والتي يمكن تقديمها في الشكل التالي:

أنا

أشياء لا أعرفها	أشياء أعرفها	
3- منطقة العمياء	1- منطقة النشاط الحر	أشياء تعرفها
4- منطقة المجهول	2- منطقة القناع	أشياء لا تعرفها

المجموعة (الآخرون)

شكل رقم (8)
نافذة جو هاري في فهم الذات

● المنطقة الأولى: وهي منطقة النشاط الحر أو المنطقة الواضحة، حيث يوجد بها الأشياء التي تعرفها عن نفسك، وفي نفس الوقت يعرفها الآخرون عنك.

● المنطقة الثانية: وهي منطقة القناع أو المنطقة الخفية، حيث يوجد بها الأشياء التي تعرفها عن نفسك، لا يعرف الآخرين شيء عنها.

● المنطقة الثالثة: وهي المنطقة العمياء، حيث يوجد بها الأشياء التي لا تعرفها عن نفسك، بينما يعرف الآخرين شيء عنها.

● المنطقة الرابعة: وهي المنطقة المجهولة أو المظلمة، حيث يوجد بها الأشياء التي لا تعرفها عن نفسك، وفي نفس الوقت لا يعرف الآخرين شيء عنها.

والقاعدة هنا: هو أن يحاول الإنسان زيادة مساحة منطقة النشاط الحر لأن ذلك يسهل عملية الاتصال المتبادل مع الآخرين، ويساعد في تحقيق أهداف الاتصال، وفي المقابل عليه أن يقلل من مساحة المناطق الأخرى (القناع ـ والعمياء ـ والمجهولة) لما لهم من دور في سوء إدراك الذات، والفهم الخاطئ لها، ومشكلات في عملية الاتصال مع الآخرين.

والآتي خطوات استخدام نافذة جو هاري في تنمية التفكير الابتكاري:

1- يجب رسم النافذة على لوحة كبيرة تعلق على الحائط.

2- يقوم المدير بكتابة الأشياء التي يعرفها بخصوص الموضوع محل النقاش.

3- يقوم المدير بكتابة الأشياء التي لا يعرفها بخصوص الموضوع محل النقاش.

4- يتم سؤال المشاركين (المجموعة/العاملين) عن الأشياء التي يعرفونها عن الموضوع محل النقاش.

5- يتم سؤال المشاركين عن الأشياء التي لا يعرفونها عن الموضوع محل النقاش.

6- عند انتهاء الاجتماع يشكر المدير المشاركين على مساهمتهم، ويؤكد لهم أنهم سوف يحاطون علما بالأفكار التي يتم اختيارها.

7- يتم تقييم الأفكار، وتحديد الأنسب منها.

8- يتم عرض هذه الأفكار على لوحة جديدة في شكل نافذة جوهاري، وأخذ رأي المشاركين فيها بشكل نهائي لعمل بعض التعديلات المقترحة.

الفصل التاسع

أساليب أخرى لتنمية التفكير
الابتكاري والإبداعي لدى العاملين بالمنظمة

أشتمل هذا الفصل على:

📖 أسلوب المجموعة الاسمية.

📖 الدراما أو التمثيل التلقائي.

📖 لعبة الاحتكار.

📖 تحليل مجالات القوى.

📖 استخدام اللجان والجماعات لتطوير البدائل.

📖 أسلوب التمني.

📖 الأساليب الجمالية في الابتكار.

📖 أساليب إضافية أخرى.

1ـ أسلوب المجموعة الاسمية Nominal Group Technique:

يشبه أسلوب المجموعة الاسمية إلى حد كبير، أسلوب دلفاي كمدخل من مداخل التفكير الجماعي في اتخاذ القرارات وقد تم استخدام هذا الأسلوب في البداية بواسطة علماء النفس الاجتماعي منذ ما يقرب من ثلاثة عقود مضت وعند عقد اجتماع لبحث مشكلة يمر تطبيق هذا الأسلوب بالخطوات الآتية:

أـ يقوم كل عضو بتسجيل أفكاره تجاه المشكلة المطروحة كتابة وفي صمت.

بـ يقوم كل عضو بدوره بعرض فكرة واحدة على الجماعة ويتم تأجيل المناقشة إلى أن ينتهي كل الأعضاء من عرض أفكارهم.

جـ تأخذ الجماعة بعد ذلك في مناقشة الأفكار المطروحة، وذلك بغرض استجلاء نقاط غامضة فيها أو تفسيرها وتهذيبها وتطويرها.

دـ يقوم كل عضو منفردا بترتيب الأفكار، ثم يتم التصويت من جانب أعضاء المجموعة على أولوية الأفكار، ويتحدد قرار الجماعة على أساس الفكرة التي تحصل على أعلى درجة أو المرتبة الأولى من المجتمعين.

والفرق الرئيسي بين هذا وأسلوب دلفاي، أن أعضاء الجماعة في هذا الأسلوب يتقابلون وجها لوجه مع بعضهم البعض، ويحدث الاتصال مباشرة بينهم، ومن ناحية أخرى يمكن القول بأن الجماعات التي تستخدم هذا الأسلوب تتفوق في عدد الأفكار التي تصل إليها عن أسلوب دلفاي.

لقد أثبت هذا الأسلوب فاعليته في تجنب سيطرة الأفراد وتأثيرهم على قرارات المجموعة. كما يفيد أيضا مع المشكلات المتجددة بدقة. فعندما تكون المشكلة أكثر تعقيدا، ويصعب حلها، فإن الأساليب الأخرى مثل أسلوب العصف الذهني وأسلوب دلفاي قد تكون أكثر فاعلية.

2- الدراما الخلاقة أو التمثيل التلقائي Creative Drama

يشرح هذا الأسلوب عبد الحليم محمود السيد فيقول: إن الدراما الخلاقة تتمثل في تنمية قدرات الشخص على تذوق الخبرات التي تمر به، والتعبير عن هذه الخبرات وعن مشاعره وحاجاته، وتحويل الخبرات التي تمر به في مواقف اللعب والأكل والشرب والنزهة والعمل إلى تمثيليات ارتجالية يقوم بها في أثناء اللعب مع أفراد جماعته الصغيرة في الحضانة والمدرسة على سبيل المثال دون التقيد بنص معين أو أسلوب محدد للتعبير، ودون محاولة توجيه الخطاب إلى جمهور معين، ودون أي محاولة لإكراه التلاميذ الصغار على التعبير بصورة معينة، لما يؤدي إليه هذا الافتعال من فقدان التلقائية في التعبير. والهدف من التمثيل التلقائي هو تنمية روح الإبداع والخلق لدى التلاميذ.

ويحدد تورانس Torrance خطوات هذا الأسلوب في الآتي:

أ-   تحديد المشكلة: وهنا يوضح المدرب أو المعلم للأعضاء أنهم بصدد التمثيل لمسرحية لا نص لها. وعليه أن يثير أيضا عددا من الأسئلة التي تؤدي إلى تحديد المشكلة.

ب-   وصف الموقف المتصارع: وفيه يعبر الأعضاء عن المشكلة بأسلوب موضوعي مفهوم.

ج-   توزيع الأدوار: ويتم ذلك اختياريا ويجب على المدرب أو المعلم إثارة اهتمام المشاهدين إلى إمكانية ظهور أدوار جديدة بل ويشجعهم على ممارستها.

د-   إثارة اهتمام وحماس الممثلين والمشاهدين مع التنبيه إلى وضع حلول جديدة للمشكلة.

هـ-   تمثيل الموقف مع ملاحظة المدرب أو المعلم لمواقف الصراع التي قد تظهر بين أعضاء الجماعة حول حل المشكلة دون التدخل لحسم هذا الصراع، وعند توقف التمثيل يثير المدرب أو المعلم الأعضاء بأسئلة مثل: ماذا حدث الآن؟ وماذا يمكن أن يحدث فيما بعد؟ وهكذا من الأسئلة المساعدة على استمرار الموقف.

و-   توقف التمثيل: وقد يحدث هذا عند أي من الأمور التالية:

● عجز الأعضاء عن الاستمرار في التمثيل.

● الوصول إلى حل.

● خروج الأعضاء عن الأدوار المناسبة.

- توجيه المدرب أو المعلم لأعضاء الجماعة إلى استخدام أسلوب آخر وموضوع آخر.

ز- مناقشة وتحليل وتقييم الموقف ويتم ذلك وفقا للمحكات الموضوعية التي تعين على أحد أمرين، إما تقييم الحلول المقترحة وإما إعادة صياغة المشكلة.

ح- وضع الخطط بعد التوصل إلى الحل وذلك لتنفيذه، ونعني بذلك وضع الأفكار موضع التنفيذ.

3- لعبة الاحتكار Monopoly Game

يشرح هذا الأسلوب هاربر Harper فيقول إنها لعبة للأطفال تستخدم فيها أوراق كأوراق اللعب المعتادة، وتنطوي قواعد اللعبة على مكافآت شخصية للمحاولات الناجحة. وبالنسبة للكبار تكون اللعبة بأن تتقدم فرق اللعب حول نسخة كبيرة من «لوحة اللعب»، وأثناء تقدمهم يمكنهم اتخاذ قرارات تؤثر على أدائهم التالي وتتأثر بالصدفة وبما تفعله الفرق الأخرى وما تتخذه من قرارات. ولكل فريق مساحة محاطة بالزجاج يرون منها لوحة اللعب التي تتحرك حولها نماذج العربات التي تمثل حركة وتقدم كل مجموعة، ويتخذ كل فريق قراراته بسرية داخل حجرته الخاصة ويمكنه بعد ذلك أن يراقب أثر قراراته على تقدم الفريق.

4- تحليل مجالات القوى Force- Field Analysis

بصرف النظر عن البرامج المستخدمة في إدارة التغيير، فإن المدير الذي يقوم بالتغيير سوف تواجهه مقاومة تمثل قوى معوقة للتغيير، وبالتالي من الضروري أن يتقن هذا المدير كيفية استخدام أسلوب تحليل مجالات القوى الذي وضعه كيرت ليوين Kurt Lewin.

يقترح ليوين أن التغيير ينشأ من مجالات القوى النسبية للقوة الدافعة والمعوقة، وتقوم القوى الدافعة بدفع المنشأة نحو التغيير، أما القوى المعوقة فتدفع في الاتجاه المضاد للتغيير، لذلك، فالتغيير الناتج ينشأ نتيجة للتفاعل بين هاتين المجموعتين: القوى الدافعة والقوة المعوقة.

وإذا كنت تريد التغيير، يجب عليك أن تزيد أو تقوي القوى الدافعة وأن تضعف أو تقلل من تأثير القوى المعوقة مما يؤدي إلى إحداث التغيير المطلوب.

القوى الدافعة للتغيير	التـوازن		القوى المعوقة
توفير المرونة	→	←	الخوف من فقد الوظيفة
التخصص المتميز في الصناعة	→	←	الخوف من المجهول
تلبية احتياجات العملاء		←	الخوف الناتج من الوضع الحالي
الحاجة إلى الربط بين أجهزة الكمبيوتر الشخصية	→		
	2- 1- 0 1+ 2+		
	التغيير		

القوى الدافعة للتغيير	التـوازن		القوى المعوقة
توفير المرونة	→	←	الخوف من فقد الوظيفة بالتدريب
التخصص المتميز في الصناعة	→	←	تقليل الخوف من المجهول بتوفير المعلومات
تلبية احتياجات العملاء	→	←	تقليل الخوف الناتج من الوضع الحالي بالتأكيد على عدم إحداث المزيد من التغيير فيه
الحاجة إلى الربط بين أجهزة الكمبيوتر الشخصية	→	←	
	2- 1- 0 1+ 2+		
	التغيير		

شكل رقم (9)
مثال لأسلوب تحليل مجالات القوى

5- استخدام اللجان والجماعات لتطوير البدائل

إن استخدام اللجان والجماعات في حل المشكلات يعني نقاطا عديدة ووجهات نظر توضع في الاعتبار. وإن مناهج كثيرة فيما يتعلق بالمشكلة يمكن تنميتها. وكما أن لاستخدام اللجان وجماعة اتخاذ القرار مزاياه وإيجابياته، فإن له بعض السلبيات منها: الموافقات الصامتة للأعضاء السلبيين والقرارات المتكافئة «مزايا وعيوب» لكن ترجع بصوت واحد أو نقطة واحدة إيجابية. ولذا يراعى في ذلك التفرقة بين الحصول على الأفكار وخطوات اتخاذ القرار. هذا بالإضافة إلى الهيمنة الفردية لبعض الأفراد على الجماعة كلها.

أما إيجابيات استخدام اللجان وجماعية القرارات، فإنها تتبلور في القدر المتعاظم من المعرفة والمعلومات ومداخل حل المشكلة. وهذا يزيد من فرصة إيجاد الحلول وقبولها. هذا، بالإضافة إلى الشمول الجيد للقرار من جميع وجهات النظر، من خلال الاختلاف بين الأفراد.

وعلى أي حال، تكون قدرة الجماعة على زيادة مزايا استخدام الحل الجماعي للمشكلات، وتجنب المآخذ متوقفة على مهارات قائد الجماعة على مدى بعيد. ويمكن للمدير الاستعانة بالعوامل الآتية:

أ - لا بد من ضمان موافقة الجميع على كيفية تعريف المشكلة، حتى يتم تحديد الاتجاه الصحيح نحو تنمية بدائل الحل، بدلا من بذل الجهد في البحث عن حلول لمشكلة خاطئة.

ب- التأكد من إيجابية مشاركة كل أفراد اللجان أو الجماعة، مع التمييز بين تجميع الأفكار وتقييم الأفكار.

ج- يجب على قائد الجماعة الهيمنة على المناقشة لاستخراج الأفكار، لا أن يمدهم بها.

د- العقل المتفتح والإخلاص في البحث عن أفضل حل بدلا من الترويج لبديل خاص.

6- أسلوب التمني Wishful Thinking:

هذا الأسلوب يساعد على اقتراح مقترحات جديدة والوصول إلى تطوير مفاجئ. افترض أننا نريد تطوير خدمة ما أو منتج ما. يتم سؤال عدد من المستهلكين لهذا المنتج عما يحلمون أن يقدمه لهم هذا المنتج. يتم تجميع هذه الأحلام والأماني ثم يبدأ المسئولين عن المنتج أو الخدمة باقتراح ما يمكن تطويره.

7- الأساليب الجمالية في الابتكار:

في برنامج تدريبي عن «مهارات الإبداع والابتكار في العمل» قدمته الدار العربية للاستشارات تم شرح أسلوبا جذابا لتنمية التفكير الابتكاري، ألا وهو استخدام الأساليب الجمالية في الابتكار. ولقد تم شرح هذا الأسلوب كالتالي:

حينما يغوص الفرد في الجمال، فإنه يأخذ هذا الجمال لكي يحلق في آفاق خيالية لم يطرقها من قبل، وفي آفاق سعيدة وبراقة وجديدة، وهنا يظهر الابتكار. وبناء عليه فإن استخدام بعض أساليب وطرق الجمال في حياتنا، كفيل بأن يجرنا إلى مجال الخيال، ويجعلنا ندخل في مجال التفكير الحر، وتنطلق مع ذلك كل ملكات الإبداع والابتكار، ومن الطرق الجمالية للتفكير ما يلي:

- الرسم.
- الكاريكاتير.
- القصص والتمثيليات والحواديت.
- الشعر والزجل.
- الأغاني والمواويل.

فهل يمكنك أن تستخدم واحدة أو أكثر من هذه الطرق لكي تفكر في مشكلة ما تود أن تحلها بصورة مبتكرة؟

وفيما يلي نقدم أمثلة سريعة لبعض الطرق الجمالية:

1- الرسم: وهو تعبير عن الأفكار من خلال وحدات طبيعية أو أشخاص أو وحدات هندسية، فالتعبير عن الأفكار في شكل رسومات يساعد على تبسيطها وسهولة فهمها.

2- الكاريكاتير: وهو تصميم للمواقف والأحداث والأفكار في أبعاد وبشكل يعبر بصورة قوية عن الهدف المطلوب، فرسم الأنف والأذن بشكل كبير قد يكون له دلالة قوية.

3- القصص والحواديت: يمكن للآخرين أن يتقمصوا الأفكار والأحداث من خلال تصويرها في واقعة أو حدث أو حدوته أو قصة، ويسهل ذلك تصور الشئ المطلوب.

دور الرسوم والأشكال في الابتكار:

تعتبر الرسوم والأشكال والكاريكاتير من الطرق الجمالية التي تساعد الفرد على أن يحلق في الخيال، ويطلق لأفكاره العنان، ويتحرر من القيود المفروضة عليه، كما تساعده على أن ينظم أفكاره أحيانا، وأن يربطها في علاقات تحتوي على أسباب ونتائج، وتفاعلات بين العناصر، أو تدفق وتوالي لهذه العناصر في شكل خطوات، أو انتظامها في نظام متكامل.

ومن أهم أنواع الرسوم والأشكال ما يلي:

1- الرسوم والأشكال البيانية:

وكلنا نستخدم الرسوم والأشكال البيانية في حياتنا العملية، فهي تساعد على إبراز الأفكار الأساسية التي يود الفرد أن يبرزها عندما يقدم تقريرا إلى مستوى إداري أعلى، ومن أمثلة الأشكال البيانية التي يمكن استخدامها:

أ ـ الخطوط البيانية:

وهي عرض لتطور ظاهرة من الظواهر خلال فترات زمنية متتالية، كتطور بيانات الإنتاج عبر السنوات الماضية.

والخط البياني قد يكون منحنى أو خط منكسر، وهو يساعد على توضيح الاتجاه العام للظاهرة، وبالتالي يمكن من البحث عن الأسباب في نقاط الهبوط، أو الصعود، ويساعد على التفكير في بدائل الحل لعلاج الخلل الموجود.

ب ـ الأعمدة البيانية

تعتبر الأعمدة البيانية من أنسب الأشكال البيانية التي تمكن من تحليل العلاقات بين متغيرين خلال نفس الفترة (أو الفترات الزمنية)، وذلك من خلال المقارنة، وهي تصلح أيضا للمقارنة بين أكثر من ظاهرتين عن نفس الفترة الزمنية والأعمدة البيانية قد تكون متلاصقة أو غير متلاصقة.

ج ـ الدوائر البيانية:

تعتبر الدوائر البيانية من الأشكال التي تساعد على توضيح علاقة بعض الظواهر المرتبطة ببعضها بظاهرة أكبر تضمهم، فمثلا الشكل البياني التالي يعرض نصيب كل عنصر من عناصر التكلفة الإجمالية للمنتج. وهذا الشكل البياني يساعد على معرفة أي أنواع التكاليف يمثل الجزء الأكبر من التكلفة، ويتم معرفة ذلك بسهولة ودون الرجوع للأرقام. وهذا يعطي فرصة للتفكير في كيفية التأثير في هذا العنصر من خلال خفض التكلفة الخاصة به.

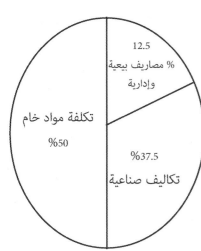

12.5
% مصاريف بيعية وإدارية

تكلفة مواد خام
%50

%37.5
تكاليف صناعية

وإذا كان الحاسب الآلي يلعب دورا هاما في إعداد هذه الأشكال البيانية، فإن هذا يعطي الفرصة لمزيد من الوقت للتفكير في كيفية توصيل الأفكار الجيدة إلى متلقيها، ويساعد على سهولة إدراك المشكلة والمناطق التي ينبغي أن يوجه إليها التفكير لحل المشكلة. أي أن هذه الأشكال البيانية تعطي مجالا أوسع للتفكير والابتكار والإبداع.

استخدام الصور والأشكال والرسوم الهندسية:

إن التعبير في شكل صور أو أشكال أو رسوم يمكن أن يساعد الفرد على تخيل الأشياء في شكل أقوى والتعبير بالعلاقات في صور واضحة.

2- استخدام الكاريكاتير:

يلعب الكاريكاتير دورا هاما في تجسيد الأشياء من خلال تكبيرها أو تصغيرها، لكي تعبر عن الأهمية النسبية للأشياء، ولكي تعطي الأثر المطلوب، ويساعد هذا على الإلهام.

3- الشجـرة:

ويهتم هذا النوع من الرسوم بتمثيل المشكلة في شكل شجرة Tree، حيث تقوم جذور الشجرة بتمثيل الأسباب ويقوم الساق بتحديد المشكلة، أما الفروع فيمكن اعتبارها النتائج السلبية المترتبة عن المشكلة.

كيفية التطبيق:

1- اختر مشكلة واحدة باعتبارها مشكلة رئيسية.

2- صياغة المشكلة في شكل عبارة كبيرة مثل: مشكلة انخفاض حجم المبيعات، مشكلة البطالة، مشكلة تسرب العاملين، مشكلة عدم أمانة العاملين، مشكلة سوء التغذية عند الأطفال، مشكلة زيادة تسرب الفتيات من التعليم.

3- ارسم شجرة، واكتب اسم المشكلة على ساق الشجرة.

4- شجع المجموعة على التفكير في أسباب المشكلة.

5- اكتب أسباب المشكلة على جذور الشجرة، مع مراعاة كتابة الأسباب الرئيسية على الجذور الرئيسية (الكبيرة)، والأسباب الفرعية على الجذور الفرعية (الصغيرة).

6- شجع المجموعة على التفكير في النتائج السلبية المترتبة عن المشكلة.

7- اكتب هذه النتائج على فروع الشجرة.

8- قم بعد هذه العملية برسم شجرة للأهداف لتحديد الحلول أو التدابير اللازمة لعلاج المشكلة.

وكلما تعددت الحلول البديلة تعددت الفروع، وبالتالي تكون هناك فرصة للتفكير في حل المشكلة واختيار أنسب الحلول لها.

4- عظام السمكة:

وهو نوع من الرسوم التوضيحية على شكل عظام السمكة Fish Bone، وأحيانا يطلق على هذا الرسم مصطلح السبب والتأثير Cause & Effect لكونه تعبير مرئي للعلاقة بين

الأسباب ومشكلة معينة. وقد قام الباحث Kaoru بتطوير هذا الرسم ليساعد على التعرف على الأسباب المؤدية للإنحراف عن الأداء المطلوب أو المتوقع.

وفي هذا الأسلوب يتم تحديد المشكلة المراد حلها والعناصر المؤثرة فيها، أو يتم تحديد هدف مطلوب تحقيقه والبدائل المتاحة والممكنة لتحقيق الهدف.

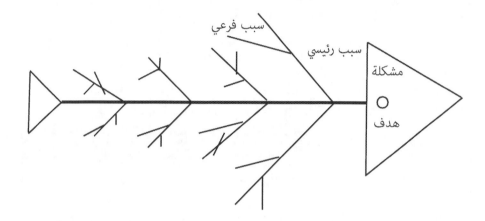

تعليمات تنفيذ هذا الأسلوب:

1- وضع المشكلة أو الهدف في رأس السمكة.

2- التحديد الدقيق للمشكلة أو التجديد الواضح للهدف.

3- كتابة الأسباب الرئيسية للمشكلة على العظام الرئيسية.

4- كتابة الأسباب الفرعية للمشكلة على العظام الفرعية.

5- جعل الرسم بسيط وموجز ودقيق.

6- ضرورة اتفاق المجموعة أو فريق العمل حول الأسباب أو البدائل التي يتم كتابتها.

7- ضرورة التمييز بين الأسباب الحقيقية والأسباب السطحية الظاهرية للمشكلة.

8- ضرورة التمييز بين البدائل المتاحة والممكنة والبدائل غير الواقعية وغير الممكنة.

وهذا الأسلوب يثير الأفكار داخل الفرد والمجموعة، وتتعدد البدائل أمام الفرد والمجموعة من خلال تفكيرهم المتعمق في الهدف المراد الوصول إليه.

واستخدام مثل هذا الأسلوب في عرض ومناقشة الأفكار يساعد على تنمية التفكير الابتكاري للفرد وللمجموعة من خلال التفكير المتعمق في أسباب المشكلة والربط بين تلك الأسباب.

8- أساليب إضافية أخرى:

هذا وهناك أساليب أخرى لتنمية القدرات الابتكارية إلا أنها أقل استخداما وأقل شيوعا. ويمكن للمهتم وللباحث وللمختص أن يستفيد من قائمة المراجع العربية والأجنبية في خاتمة الكتاب في التعرف على هذه الأساليب.

ويمكن رصد بعض هذه الأساليب كالتالي:

Back to clients	● الرجوع إلى العملاء
Creativity Circles	● حلقات الابتكــار
Gallery Method	● صالة عرض الأفكار
Storyboarding	● لوحة التسلسل القصصي
Problem Reversal	● عكس المشكلة
Wild Idea	● استخدام فكرة جامحة

الفصل العاشر

_____

أشهر المخترعيـن
وأعظم الاختراعات

_____

أشتمل هذا الفصل على:

📖   أشهر مخترعين في العالم.

📖   فكرة عن أشهر المخترعين في العالم.

📖   فكرة عن أعظم الاختراعات في القرن العشرين.

📖   معاقون مبدعون.

أشهر المخترعين في العالم[1]

1- أول من اخترع الساقية لري الحقول الزراعية هم: المصريون القدماء.

2- أول من اخترع القارب هم: المصريون القدماء.

3- اخترع الرومان مواد البناء الصلبة المتماسكة، واخترعوا الدبوس(المشبك).

4- اخترع الصينيون البوصلة والصواريخ.

5- مخترع البارود: الإنجليزي روجر بيكون.

6- مخترع المدفع: برثولد شوارتز.

7- مخترع الديناميت: السويدي ألفريد نوبل.

8- مخترع آلة الطباعة: الألماني يوهانز جوتنبرج) في القرن الخامس عشر.

9- مخترع التليسكوب: الإيطالي جاليليو جاليلي.

10- مكتشف أمريكا: كولمبس.

11- مخترع السيارة: ليفا سور.

12- مخترع آلة الحصاد : الأمريكي سيروس ماك كورميك، سنة 1831م.

13- مخترع خطوط البرق: الأ مريكي مورس.

14- مخترع التليفون (الهاتف) الأمريكي: ألكسندر جراهام بل، سنة 1876م.

15- مخترع اللاسلكي: ماركوني، سنة 1895م.

16- مخترع الآلة الكاتبة: كريستوفر شولز.

17- مخترع الفوتوغراف: إديسون.

18- مخترع المصباح الكهربي: إديسون، سنة 1879م

19- مخترع آلة السينما: إديسون.

---

(1)   المصدر: شبكة الإنترنت.

20- مخترع المحرك الكهربي للسيارات: إديسون.

21- مخترع الميوجراف وهو آلة النسخ: إديسون.

22- مخترع الورق المشمع للف الأغذية: إديسون.

23- مخترع آلة الإنذار للحريق: إديسون.

24- مخترع المسدس: صمويل كولت.

25- مخترع الرصاصة: الفرنسي مينيه.

26- مخترع آلة حلج القطن: الأمريكي إ يلي ويتني سنة 1831م.

27- مخترع الطائرة: الأخوين رايت، في ديسمبر سنة 1903م.

28- مخترع القطار: جورج ستيفنسون.

29- مخترع المروحة اللولبية لتحريك السفينة بقوة: السويدي إ يريكسون.

30- مخترع السفينة البخارية: فولتون، وأطلق عليها اسم كليرمونت.

31- مخترع الغواصة: فولتون، وهبط بها إلى عمق 25 قدما تحت الماء.

فكرة عن أشهر المخترعين في العالم:

1- الإسفزازي :

هو أبو حاتم المظفر بن إسماعيل الإسفزازي، ولد في منطقة سجستان، درس وعمل بالعلوم الطبيعية، ثم عمل مع عمر الخيام بالعلوم الرياضية، أهم أعماله:

● وضع بحثا في الكثافة النوعية.

● اختصر كتاب الهندسة لإقليدس «اختصار لأصول إقليدس».

● اخترع ميزانا أرشيميد عرف باسم الغش والعيار.

● وضع كتابا وشرح فيه طريقة صناعة القبان يحمل العنوان «إرشاد ذوي العرفان إلى صناعة القبان».

2- أبو الوفاء اليوزجاني (940-998م):

هو محمد بن يحيى بن إسماعيل بن العباس أبو الوفاء اليوزجاني الحاسب، ولد في يوزجانن درس عن عمه المعروف بأبي عمرو المعازلي وخاله. وأنتقل إلي بغداد حيث لمع أسمه عندما شرح مؤلفات إقليدس وديوفنت والخوارزمي. من أهم أعماله:

- حل هندسة المعادلتين س^{4} = ح ، س^{4} + س^{3} = ب
- وضع طريقة لصناعة البركار والمسطرة والكوتيا كما شرح طريقة الرسم واستعمال الآلات.

من أهم كتبه:

- كتاب فيما يحتاج إليه الصناع من أعمال هندسية.
- كتاب المعرفة الدائرة في الفلك.
- كتاب ما يحتاج إليه العمال والكتاب من الصناعة والحساب.

3- البيروني (973-1048م):

هو محمد بن أحمد بأبي الريحان البيروني الخوارزمي. ولد في خوارزم ورحل منها إلي كوركنج ومنها الي جرجان، ثم عاد الي كوكنج حيث تقرب من بني مأمون وملك خوارزم فنال لديه حظوة كبيرة، لما استولى سبكتكين على خوارزم رحل البيروني إلي الهند وصحح الأخطاء الحسابية المشرقية، ألف قانونا جغرافيا كان أساسا لأكثر الكوسموغرافيات المشرقية وأسند منه أبو الفداء جداول الطول والعرض وكذلك أبو الحسن المراكشي.

قال عنه سارطون «كان البروني باحثا فيلسوفا ورياضيا جغرافيا ومن أصحاب الثقافة الواسعة، بل من أعظم علماء الإسلام ومن أكابر علماء العالم».

من أهم أعماله:

- ساهم البيروني في تقسيم الزاوية إلي ثلاث أقسام متساوية.

● اشتغل في علم المثلثات وقانون تناسب الجيب Sinus.

● اكتشف الطريقة لتعين الوزن النوعي Poids specifique.

● قام بدراسة ضغط السوائل وتوازنها.

● شرح كيفية صعود مياه الفورات والينابيع من أسفل لأعلى.

● نبه إلي أن الأرض تدور حول محورها.

● وضع عدة مؤلفات تناولت مجمل المواضيع العلمية.

4- ابن البيطار (1190-1248م):

هو ضياء الدين عبد الـلـه بن أحمد المالقي، المعروف بابن البيطار. وولد في مدينة مالقة بالأندلس وتوفي في الشام. قام بأبحاث عديدة وزار معظم بلدان العالم المعروفة آنذاك حتى أصبح مرجعا في معرفة النبات.

من أهم أعماله:

● اكتشف عدة عقاقير لم تكن معروفة مسبقا.

● أصبح نقيب الصيادلة في مصر أو رئيس العشابين.

● وضع عدة كتب أهمها «الجامع في الأدوية المفردة».

● كتاب «المغني في الأدوية المفردة» وهو مرتب وفق العلاج والمرض.

● كتاب «ميزان في الطب».

5- ثابت بن قرة (835-900م):

ولد في حران وأمتهن الصيرفة وأعتنق مذهب الصابئة، أثر خلاف مع قومه نزح إلي كفر توما حيث التقى محمد بن موسى الخوارزمي فدعاه الأخير إلي بغداد حيث أعجب بعمله وثقافته، فقدمه للخليفة المعتضد فجعله من منجمي البلاط. أحب ثابت العلم لا طعما في كسب المال ولا سعيا وراء الشهرة، بل لأنه مصدر سعادته وكانت نفسه تتوق إليه.

من أهم أعماله:

- مهد لحساب التكامل والتفاضل.
- حاول تحديد مركز الثقل Center de gravity لمعظم الأشكال الهندسية.
- أوجد حجم الجسم المتولد من دون دوران القطع المكافئ حول محوره.
- له عدة ابتكارات في الهندسة التحليلية.
- أبدع في الطب والصيدلة كما روى عن أبن أبي أصبيعة في كتابه «عيون الأنباء في طبقات الأطباء».
- ترك آثار عديدة من الكتب تناولت مجمل العلوم المعروفة في ذلك العصر.

6- جابر بن حيان (721-815م):

هو جابر بن حيان بن عبد الله الأزدي، ولد في مدينة طوس في خرسان، كان والده يعمل بائع أدوية في الكوفة. درس على يد الحميري وجعفر الصادق، كتب حوالي خمسمائة كتاب ورسالة.

من أهم أعماله:

- أكتشف حمض الكبرتيك H_2S0_4 والصودا الكاوية وحامض النيتريك HNO_3 المياه الملكية، كما قام بعدة اكتشافات في ميدان الكيمياء.
- وضع عدة أبحاث في الفيزياء فاهتم بتقطير الوسائل كالماء والزيت والخل والدم وعصير الفاكهة وغيرها.
- اكتشف صناعة الزجاج الشفاف.
- يعتبر من واضعي أسس الكيمياء الحديثة رغم أنه كان خيميائيا.

7- الجلدكي:

هو عز الدين أيدمر على الجلدكي، من علماء القرن الثامن الهجري، ولد في مصر ولم يعرف الكثير عن حياته، درس العلوم عامة وأشتهر بالكيمياء، عرف بسعة إطلاعه.

من أهم أعماله:

● اكتشف أن المواد الكيميائية تتفاعل مع بعضها بأوزان معينة.

● وضع طريق للوقاية من استنشاق الغازات الناتجة عن التفاعلات الكيميائية.

● وضع دراسة عن خواص القلويات والأحماض وخواص الزئبق، وتطرق لصناعة الصابون وأهميته في التنظيف، كما فصل الذهب عن الفضة.

● وضع العديد من المؤلفات والرسائل تناول فيها مواضيع علمية عديدة.

8- حسن كامل الصباح (1894-1935م):

عالم ومخترع لبناني، ولد في النبطية جنوب لبنان، درس في الجامعة الأمريكية في بيروت، فبرع في الرياضيات والفيزياء والعلوم الطبيعية، تجند خلال الحرب العالمية الأولى وانتقل إلى الأستانة. انتقل بعد ذلك إلى الولايات المتحدة الأمريكية فعمل موظفا في شركة جنرال إلكتريك في نيويورك وكان له مختبر خاص فيها، قتل في حادث سيارة في نيويورك ونقل جثمانه إلى مسقط رأسه في النبطة، يعتبر الصباح قمة النبوغ اللبناني في العصر الحديث.

من أهم أعماله:

● اعترفت شركة جنرال إليكتريك بأنه قام بعدة اختراعات عملية في ميدان عمله، وقد استفادت الشركة من ذلك.

● أطلق عليه اسم خليفة أديسون.

9- الخوارزمي (000-332م):

هو محمد بن موسى الخوارزمي، أصله من خوارزم، عاصر المأمون وانقطع إلى بيت الخزانة بيت الحكمة وكان من أصحاب علم الهيئة المعمول عليهم في الأرصاد، بقيت حياة الخوارزمي غير معروفة، من أشهر أعماله:

● الزيج الثاني المعروف بالسندهند.

● كتاب العمل بالإسطرلاب.

● كتاب الجبر والمقابلة.

يعتبر الخوارزمي أول من فصل علمي الحساب والجبر، ومن ثم عالج علم الجبر بأسلوب منطقي علمي، فأوصله إلى مستوى راقي، استفاد منه علماء الغرب في بحوثهم الرياضية فيما بعد، وضع أساس النظام العشري والعمليات الحسابية الأربع.. وغيرها.

وهم أول من استخدام لفظ الجبر للدلالة على العلم المعروف اليوم تحت اسم Algebra.

10- أوم جورج سيمون Ohm George-Simon (1787-1854م):

عالم ومخترع ألماني ولد في مدينة أرلنجن، تخصص في الفيزياء والعلوم العامة ودرس في عدة معاهد كان آخرها في ميونيخ من أهم أعماله:

● وضع قانون في الكهرباء عرف باسمه وينص على «V=IR» حيث أن V هي الفولطية الكهربائية، I من شدة التيار الكهربائي، R هي المقاومة التي يتلقاها التيار.

● وضع خصائص الكمية للتيارات الكهربائية.

● وضع وحدة قياس المقاومة، فكانت باسم أوم ورمزها أو ميغا.

من مؤلفاته:

● النظرية الرياضية للتيارات الكهربائية.

● عناصر الهندسة التحليلية.

11- باستور لويس Pasteur Louis (1822-1895م):

عالم بيولوجي وكيميائي فرنسي ولد في بلدة « دول Dole » وتلقى علومه العليا في فرنسا (باريس) وغدا أستاذ للفيزياء في ديون عام 1848م، ثم أستاذا للكيمياء في ستراسبورغ عام 1852، ثم أصبح مديرا لدار المعلمين في العام 1857م، وأستاذا في السربون عام 1867م، من أهم اختراعاته:

- اكتشف وجود الجراثيم في الهواء فساعد ليستر في عملية التعقيم والتطهير.
- اكتشف الجراثيم في الخمائر فوضع الطب على الطريق السليم المؤدي إلى معرفة صناعة الأمصال الواقية منها.

12- باسكال بلايز Pascal Blaise (1623-1622م):

عالم فرنسي في مدينة كلارمون توفيت والدته عام 1626م، وتوفى والده في العام 1631م، بقى سبع سنين لا يعرف عنه شيء فتكون فكره العلمي.

من أهم أعماله:

- وضع حساب الاحتمالات.
- اكتشف الهندسة المتناهية في الصغر.
- وضع عدة أبحاث في المخروطيات والقطاعات المخروطية.
- اخترع الآلة الحاسبة التي كانت أساسا للتكنولوجيا الحديثة.
- اكتشف المثلث المعروف باسمه.
- اخترع عام 1616م أول وسيلة نقل مشترك ضمن العربة الفاخرة.

13- بلانك ماكس كارل أرنست ل. Planek Maxkarle E.L. (1858-1947م):

عالم ومكتشف ألماني ولد في مدينة كيال Kiel تخصص في الفيزياء.

من أهم أعماله:

- وضع نظرية الكانتا عام 1900م فأحدثت ثورة في الفيزياء الحديثة، إذ أن الطاقة E تتناسب مع الذبذبة للموجة N, E=hN.
- أول من أدخل الفيزياء الفرضية الكانتية عام 1906م.
- ساهم بلانك مع فرنست في صياغة المبدأ الثالث للترموديناميك.
- وضع قانون عرف باسمه.
- وضع ثابت عرف باسم بلانك في الفوتون.

14- بيرين جان بابتيست .Perrin J. B (1870-1942م):

عالم فيزيائي فرنسي ولد في مدينة «ليل Lille» درس وتخصص في العلوم الفيزيائية، **من أهم أعماله:**

● برهن أن الأشعة المهبطية Rayons Cathodiques مركبة من جزئيات صغيرة مشحونة بشحنة سالبة.

● اكتشف نموذج كوكبي للذرة عام 1901م وتبناه رذرفورد.

● أعلن الانشطار النووي لأول مرة، وهو أساس الطاقة الشمسية المشعة.

من مؤلفاته:

● الذرات Les Atomes.

● عناصر الفيزياء.

15- كورتشللي ابفاتجيلستاTorricelli Evangelista (1608-1647م):

عالم ومخترع إيطالي، ولد في مدينة فاينزا Faenza برع في الرياضيات والفيزياء، حل مكان جاليله على كرسي الرياضيات في أكاديمية فلورنس، **من أهم أعماله:**

● وضع أساس انطلاق القذائف المدفعية.

● وضع خصائص الدويري Le Cyeloid في الرياضيات.

● اخترع البارومتر الزئبقي.

● وضع نظريته المعروفة عن السوائل.

● أشهر مؤلفاته: الأوبرا الهندسية Opera Geometrica.

16- يوحنا جوتنبرغ Johan Gutenberg (1395-1468م):

ولد في مدينة «ماينس Mayence»، **من أهم أعماله:**

● اكتشف مع رفاقه تقنية الحروف المتحركة للطباعة، وبعدها أتقن المادة الضرورية للمحافظة على هذه الحروف، وهي مكونة من مزيج من الرصاص والإنتيموان والاتيان.

- توصل إلى اكتشاف الطابعة في العام 1440م، فقام بطباعة التوراة عام 1455م بالحرف اللاتيني تحت اسم Biblia Sacra Latina واستمر في تحسين عمل الطابعة حتى توفي في العام 1468م في ماينس.

17- توماس جيفرسون Tomas Jefferson (1743-1826م):

مخترع ورئيس أمريكي مؤسس الحزب الديمقراطي الأمريكي، عاش حياته محبا لثلاث: الهندسة، الرسم، الموسيقى. أنشأ جامعة فرجينيا، يعتبر من أعظم الرجال الأمريكيين في كل العصور. كان عالما نباتيا، جنديا، ومحامي، وجراح، واقتصادي، ومهندس، ومخترع، ورسام، وموسيقى، ومزارع، وصانع عربان، وفلكي، ورباشي، وعالم بالجناس.

اخترع محراث وعصا للسير، وكرسي يطوى وينشر عند الحاجة، ومركبة ذات عجلتين لراكب واحد، وعداد لقياس المشي، وآلة للقنب وطابعا للحروف. أدخل العديد من المزروعات لأمريكا.

معاقون مبدعون

إن استعراضا سريعا لأشهر المعاقين المبدعين يؤكد صحة المسوغات إلى الاهتمام الإبداعي والابتكاري للمعاقين ومن هؤلاء المبدعين المعاقين من كان منهم من الصحابة والفقهاء والعلماء والحكماء، مثل: معاذ بن جبل، وجرير بن عبد الله، وإبان بن عثمان، والأحنف بن قيس، والترمذي، ومحمد بن سيرين، وابن سيدة الأندلسي. ومنهم من الشعراء المبدعين مثل: حسان بن ثابت، والأحوض، والكميت بن زيد الأسدي، وبشار بن برد، وأبو العلاء المعري. ومن المعاصرين: مصطفى صادق الرفاعي، وعبد الله البردوني، وطه حسين ... وغيرهم.

وفي الغرب الشاعر الإغريقي هوميروس والأسباني لوركا وديفيد رايت من جنوب إفريقيا وول هويتمان رائد الشعر الأمريكي. ومن الرسامين والموسيقيين المبدعين الرسام

الهولندي فان جوخ والأسكتلندي ريتشارد فافرو والموسيقى الألماني بيتهوفن وأعجوبة المعاقين هيلين كيلر والرسام الهولندي لوتس لتريك والعالمة الروسية أولجا سكوروكودوفا.

ومن النماذج المعاصرة ذات الدلائل الإبداعية الممثل البلجيكي المعاق باسكال ديونين (عرض داون) حصل على جائزة أفضل ممثل مناصفة مع الممثل الفرنسي دانييا أوتييل عن فيلم اليوم الثامن في مهرجان كان السينمائي 1996 في فرنسا، والفنان البريطاني توم بانديل وهو أحد أعضاء رسامي الفم والقدم العالمية.

فكرة عن أعظم الاختراعات العلمية في القرن العشرين في مجال الإلكترونيات:

1- الرادار 1904

الرادار جهاز لكشف وتحديد موقع الأشياء الطائرة على مسافة طويلة قبل أن تدخل أو تقع في مجال البصر، وقد اخترع المهندس الألماني كريستيان هولسمير أول رادار في 1904 ولكنه ظل حتى أواخر الثلاثينيات حتى بدأ العلماء البريطانيون تطويره للاستعداد للحرب الوشيكة وقد اتسعت دائرة استخدام الرادارات في مجال السلم والحرب، وذلك لرصد حركة الطائرات في السماء المزدحمة.

2- آلات التصوير ناسخة المستندات 1939

استطاع تشسيترن كارلسون أن ينسخ أول صورة لمستند في سنة 1938 استخدم فيه الكهرباء الساكنة لعمل مسحوق التونر الملتصق بالورق. ثم طورت شركة زيروكس تكنولوجيا نسخ المستندات وجعلتها أمرا ميسورا لموظفي المكاتب.

3- الكمبيوتر 1945

رغم أن تاريخ الآلات القادرة على أداء العمليات الحسابية يرجع إلى القرن السابع عشر فقد ظلت كذلك حتى سنة 1945 عندما صمم المهندسون أول جهاز كمبيوتر

مبرمج لأغراض عامة صممه المهندسون أول جهاز كمبيوتر مبرمج لأغراض عامة صممه المهندس جون برسبير ايكترث وجون وموكلي من جامعة بنسلفانيا إذ طوروه سرا أثناء الحرب العالمية الثانية وأطلقوا عليه اختصارا ENIAC أي الموحد الإلكتروني الرقمي والكمبيوتر وقد استخدموه في مختبر أبحاث البالستيه في الجيش الأمريكي وذلك لتقدير حساب قذيفة المدفع وتحسين دقة أدائه. مدفع 30 طنا يحتوي على 18000 أنبوب مفرغ شغل حيزا ، 800 قدم مربع وتندفع بسرعة هائلة 125 ك هيرتز.

وقليل من الاختراعات التي حققت تقدما سريعا مثل الكمبيوتر، حاليا أجهزة الكمبيوتر الشخصية تعمل بسرعة تصل إلى 450 ميجا هيرتز ومدمجة لتناسب حجم مكتب صغير بسرعة تصل إلى 450 ميجا هيرتز ومدمجة لتناسب حجم مكتب صغير أو أقل كثيرا، ولقد ظهر أول كمبيوتر شخصي يسمى Altair 1 ، واستطاعت أجهزة الكمبيوتر أن تحتل حيزا كبيرا في حياتنا اليومية، فهو موجود في المكاتب والمنازل والفصول الدراسية على نطاق واسع في أرجاء العالم.

وقد استطاع الكمبيوتر أن يؤدي أعمالا كثيرة وبشكل أسهل ألف مرة مما كان يؤديه الإنسان قبل اختراعه، من بين المهام الكثيرة التي يؤديها الكمبيوتر حاليا هو معالجة الكلمات .. الطباعة والنشر والتجول والتصفح والتسوق عبر الإنترنت.

4- الحاسبات الإلكترونية 1971

لقد سهلت الحاسبات الإلكترونية لرجال الأعمال ولكثير من البشر القيام بإجراء عمليات حسابية معقدة في وقت قصيرة جدا.. إذا أصبح مضغ الأرقام سهلا في سنة 1971م مع أول حاسب إلكتروني محمول. فقد أضافت شركة تكساس لأجهزة الجيب الإلكتروني عمليات الجمع والطرح والضرب والقسمة واستطاع الحاسب أن يقوم بجميع هذه العمليات في أقل وقت ممكن، وحاليا تسمح الكثير من المدارس لطلابها باستخدام الحاسب لحل المسائل الجبرية وغيرها.

الفصل الحادي عشر

استقصاءات عن التفكيـــر الابتكاري والإبداعي

أشتمل هذا الفصل على:

- استقصاء: هل تساير التطور؟
- استقصاء: هل أنت مبتكر؟
- ما مدى قدرتك على الإبداع والتفكير الابتكاري في عملك؟

استقصاء: هل تساير التطور؟

التغير سنة الحياة، وحقيقة مؤكدة لدى جميع المجتمعات الإنسانية بلا استثناء، وحجم التغيرات المعاصرة أكبر بكثير من تلك التي كانت من قبل.

على سبيل المثال، فإن كمية المعلومات على مستوى العالم تتضاعف كل خمس سنوات، وقوة الحاسب الآلي تتضاعف كل سنتين على الأقل، وفي أعمال المستقبل سوف يقيم على الهامش كل من لا يساير التطور.

لقد فرضت موضوعات مثل: جودة السلعة أو الخدمة، والتنافس الشديد بين المنظمات، أهمية حماية البيئة ومواردها، انتشار شبكات المعلومات، اتفاقية «الجات» ونظام العولمة، حتمية أن يساير الإنسان التطور الذي يحدث من حوله. وإذا لم يفعل ذلك فسيتم تصنيفه من الواقفين الجامدين ويتخلف عن الركب.

إذا أردت أن تعرف إلى أي الفريقين تنتمي، عليك الإجابة عن هذا الاستقصاء بصراحة وموضوعية.

الاستقصاء:

1- هل تعرف معنى الـ ISO 9001 في جودة الإدارة؟

نعــم ☐ إلي حد ما ☐ لا ☐

2- هل تعرف معنى الـ ISO 14001 في إدارة البيئة؟

نعــم ☐ إلي حد ما ☐ لا ☐

3- هل أنت حريص على تحقيق معايير الجودة للسلعة والخدمة التي تقدمها؟

نعــم ☐ إلي حد ما ☐ لا ☐

4- هل تحاول زيادة القدرة التنافسية للمؤسسة أو المنشأة التي تعمل فيها؟

نعــم ☐ إلي حد ما ☐ لا ☐

5-هل تستخدم الحاسب الآلي في عملك؟

نعـم ❑ إلي حد ما ❑ لا ❑

6- هل تستفيد من شبكة الإنترنت في تطوير عملك؟

نعـم ❑ إلي حد ما ❑ لا ❑

7- هل تجيد لغة أخرى غير اللغة العربية؟

نعـم ❑ إلي حد ما ❑ لا ❑

8- هل تستطيع إدارة وقتك بشكل ناجح؟

نعـم ❑ إلي حد ما ❑ لا ❑

9- هل يمكن لك أن تعمل بنجاح كعضو في فريق عمل؟

نعـم ❑ إلي حد ما ❑ لا ❑

10- هل تسير على برنامج منتظم في القراءة لتتابع أحدث التغيرات في مجال عملك؟

نعـم ❑ إلي حد ما ❑ لا ❑

11- هل أنت في بحث دائم عن الفرصة المناسبة لاكتساب خبرات جديدة؟

نعـم ❑ إلي حد ما ❑ لا ❑

12- هل تسعى إلى حضور الدورات التدريبية التي يوفرها عملك؟

نعـم ❑ إلي حد ما ❑ لا ❑

13- هل قدمت أفكارا جديدة لتطوير عملك أو عمل القسم الذي أنت فيه؟

نعـم ❑ إلي حد ما ❑ لا ❑

14- هل شاركت في الكتابة في بعض الصحف والمجلات؟

نعـم ❑ إلي حد ما ❑ لا ❑

15- هل خططت لاكتساب معلومات أو مهارات جديدة؟

نعـم ❑ إلي حد ما ❑ لا ❑

التعليمات:

1- أعط لنفسك درجتان في حالة الإجابة بـ «نعم» ودرجة واحدة في حالة الإجابة بـ «إلى حد ما» أو «أحيانا» عن جميع الأسئلة.

2- أعط لنفسك صفر في حالة الإجابة بـ «لا» عن جميع الأسئلة.

3- أجمع جميع درجاتك عن جميع الأسئلة.

تفسير النتائج:

أ - إذا حصلت على 21 درجة فأكثر، فأنت شخص لديه قدرة عالية على مسايرة التطور، التغير بالنسبة إليك حافز لأن تطور نفسك، ولا يمثل لك أي قلق أو خوف.

ب- إذا حصلت على 11 ـ 20 درجة، فأنت شخص لديه قدرة منخفضة على مسايرة التطور، ولكن يمكنك أن تدفع نفسك بقليل من المعاناة والاجتهاد والإصرار لتتواءم مع الظروف الحديثة.

ج- إذا حصلت على 10 درجات فأقل فأنت شخص ضد التطور، ولديك رفض واضح للتغيير.

التغيير بالنسبة إليك إما إنه لا يهمك، وهذا يمثل موقف الشخص اللامبالي، أو أنك تدركه بحس الشخص الخائف والقلق ما يجعلك شخصا لا يتحرك من مكانه، بل قد يصل الأمر إلى فقد هذا المكان على المدى الطويل.

ننصحك بأن تغير نفسك وتطورها، وتتحدى الموقف الصعب الذي أنت فيه، حتى تصبح ممن يسايرون التطور.

مقياس القدرة على حل المشكلات

المجموعة الأولى

م	العبـــــــارات	أوافق 1	أوافق إلى حد ما 2	لا أوافق 3
-1	إذا فشلت جهودي لحل مشكلة خاصة بي، لا ألجأ عادة إلى تحري أسباب هذا الفشل.			
-2	إذا واجهتني مشكلة معقدة، فليس من عادتي التخطيط المنظم لها.			
-3	عندما تواجهني مشكلة ما، عادة لا أجمع المعلومات عنها.			
-4	إذا تعثرت أول خطوة لي لحل مشكل تواجهني، فإنني أفقد القدرة على المواصلة.			
-5	بعد حل أي مشكلة لي، فإنني عادة لا أراجع الخطوة التي قمت بها.			
-6	لا أرى نفسي مبدعا ومفكرا جيدا لحل أية مشكلة تواجهني.			
-7	إذا واجهتني مشكلة ما، فإنني عادة لا أحاول ترجمة مظاهرها السطحية إلى أسبابها الحقيقية.			
-8	جميع مشكلاتي معقدة.			
-9	جميع مشكلات العمل التي تواجهني معقدة.			
-10	أحيانا أتوه وأشعر بالشرود عندما تواجهني مشكل مفاجئة.			

				عندما تواجهني مشكلة، يـذهب تفكيري إلى العوامـل الخارجيـة للمشكلة فقط.	11-
				عندما أواجه مشكلة ما، فإنني عادة أسلك لحلها أي خاطرة تخطر على بالي.	12-
				عندما تواجهني مشكلة ما، عـادة مـا أقفـز إلى خطـوة الحـل لأنهـا تريحنـي وتقلل القلق والتوتر لدي.	13-
				كثيرا ما اتخذت قرارات سريعة ندمت عليها بعد ذلك.	14-
				عادة ما أقوم فورا بالخطوات التي أراها لحل المشـكلة في لحظـة حـدوثها أو اكتشافها.	15-
				عنـد حـدوث مشكلة لي، فـإنني ألجـأ إلى مـا فعلتـه في السـابق مـن حلـول لمشكلات متشابهة.	16-
				المجمـوع =	

المجموعة الثانيـة

م	العبـــــــارات	أوافق 1	أوافق إلى حد ما 2	لا أوافق 3
1-	خلال حل مشكلة لي، عادة أتوقف عند كل خطوة لتقييمها وتوقع ما يحدث.			
2-	عند حلي لمشكلة ما، فإنني عادة أبحث عن جميع الاختيارات أو الحلول لها، حتى استقر على الأفضل			
3-	أشعر بأنني قادر على حل كافة المشكلات المستعصية حتى لو بدت مستحيلة الحل.			
4-	قراراتي التي اتخذها غالبا ما تسعدني فيما بعد.			
5-	غالبا ما أتريث وأفكر عندما تواجهني مشكل ما وذلك لكي أخطط لها.			
6-	عند اتخاذ قرار معين فإنني عادة أذنه وأقيمه من خلال عدة معايير منها السلامة والقبول.			
7-	عندما أخطط لحل مشكلة تواجهني، فإنني عادة على ثقة بأنها الأفضل.			
8-	أرى أنني قادر على حل مشكلاتي في العمل إذا ما منحت الوقت والإمكانات.			
9-	أشعر بأنني قادر على حل مشكلات العمل حتى غير المألوفة منها.			
10-	أثق في قدراتي على مواجهة المشكلات الصعبة.			
11-	تفكيري غالبا منطقي يحلل ويقيم ويتوقع ويقارن بين البدائل.			

-12	عند مواجهة مشكلة ما فعادة أحدد العوامل الداخلية والخارجية المؤدية لها.			
-13	عند مواجهة مشكلة ما فعادة أحدد العوامل الذاتية (الشخصية) والموضوعية (البيئية) المؤدية لها.			
-14	إذا واجهتني مشكلة ما، غالبا أقوم بدراستها وأجمع المعلومات عنها من أكثر من مصدر.			
-15	عادة ما أحاول معرفة أين توجد المشكلة أساسا بدلا من تقرير مظاهرها السطحية.			
-16	غالبية توقعاتي لقرارات اتخذتها لمواجهة مشكلتي صحيحة.			
	المجمـوع =			
المجموع الكلي = مجموع المجموعة الأولى + مجموع المجموعة الثانية				

تفسير النتائج:

1- إذا حصلت على 76 درجة فأكثر، فأنت لديك القدرة على حل المشكلات بدرجة كبيرة.

2- إذا حصلت على 53 درجة حتى 75 درجة فإن قدرتك على حل المشكلات متوسطة.

3- إذا حصلـت على 52 درجة فأقل فإن قدرتك على حل المشكلات ضعيفـة.

استقصاء: هل أنت مبتكر؟

القدرة على الابتكار نعمة من نعم الله، وهبها الله سبحانه لنا جميعا. إنها إحدى القدرات العقلية المهمة التي نولد بها، وإن كانت بدرجات متفاوتة لدى كل منا.

ويعد الابتكار من أهم القدرات التي يجب أن تحظى بالاهتمام والعناية والرعاية، لأن المبتكرين هم الذين غيروا وجه التاريخ والعالم، وهم ثروة بشرية نادرة، وعنصر أساسي لتقدم الأمم.

وقد أصبح الاهتمام بالابتكار ضرورة تحتمها طبيعة العصر الحديث، وتتنافس الدول فيما بينها في تشجيع الابتكار ورعاية المبتكرين، بهدف زيادة قوتها الاقتصادية والحربية وتطوير أبحاثها في الفضاء وحماية البيئة من التلوث.

وعندما يكون الابتكار في المجالات الفنية والفكرية والأدبية واللغوية نطلق عليه لفظ الإبداع. أما عندما يكون في المجالات العلمية والمادية والتكنولوجية فنطلق عليه لفظ الاختراع.

والتفكير الابتكاري هو ذلك النوع من التفكير الذي يتسم بالصفات الآتية:

1- الحساسية الفائقة للمشكلات.

2- التفاعل المستمر والواعي مع الواقع.

3- الطلاقة، بمعنى إنتاج عدد كبير من الأفكار في وقت قليل.

4- المرونة، بمعنى القدرة على تغيير زاوية التفكير من دون تزمت أو جمود.

5- قدرة عالية على تقويم الأشياء وإدراك نواحي النقص والقصور فيها.

ويتسم صاحب هذا النوع من التفكير بقدرة كبيرة على التخيل والتصور والتأليف والتركيب والبناء، وإيجاد علاقات جديدة وتفسيرات متميزة لفهم الواقع والتعبير عنه، وتغييره إلى الأفضل.

وتتسم شخصية صاحب هذا النوع من التفكير بالإصرار والمثابرة والميل إلي التجديد والمخاطرة وحب الاستطلاع والتجربة والاطلاع.

والبيئة المحيطة بالشخص، بدءا من الأسرة والمدرسة، ثم المسجد والنادي والعمل ووسائل الاتصال الجماهيري، لها دور في تشجيع الابتكار أو تعويقه.. فالابتكار مثل الصوت لا يوجد في فراغ، بمعنى أن البيئة المحيطة بالشخص أما تساعد على ظهور الابتكار وتعمل على بقائه واستمراره، أو قد تمنع ظهوره واستمراره ولا تشجع إلا على التبعية والتقليد والنقل والمحاكاة والتواكلية والسلبية.

الاستقصاء:

إذا أردت أن تعرف هل أنت شخص مبتكر أم لا، أجب «نعم» أو «لا» عن الأسئلة الآتية:

1- هل لديك قدرة عالية على إدراك المشكلات التي تحدث من حولك؟

نعـم ❑ أحيانا ❑ لا ❑

2- هل تتفاعل بإيجاب مع ما يحدث حولك من تغيرات؟

نعـم ❑ أحيانا ❑ لا ❑

3- هل يمكن أن تصف نفسك بالنحلة دائمة البحث والتنقل والحركة؟

نعـم ❑ أحيانا ❑ لا ❑

4- هل تحب القراءة والاطلاع بشكل كبير؟

نعـم ❑ أحيانا ❑ لا ❑

5- هل أنت ذو خيال واسع؟

نعـم ❑ أحيانا ❑ لا ❑

6- هل تطرح أفكارا عديدة عندما تقابلك مواقف صعبة؟

نعـم ❑ أحيانا ❑ لا ❑

7- عندما تواجه بمشكلة، هل تطرح بدائل وحلولا عديدة لها؟

نعم ☐   أحيانا ☐   لا ☐

8- هل توجد استخدامات غير تقليدية للأشياء المحيطة بك؟

نعم ☐   أحيانا ☐   لا ☐

9- هل يراك الناس مرنا وليس جامدا أو متزمتا؟

نعم ☐   أحيانا ☐   لا ☐

10- هل تكره السير وراء الآخرين وتقليدهم والنقل عنهم؟

نعم ☐   أحيانا ☐   لا ☐

11- هل ترهق عقلك بأمور الحفظ والتذكر؟

نعم ☐   أحيانا ☐   لا ☐

13- هل يصفك الآخرون بالطاعة والالتزام دائما لما هو قائم ومعروف ومألوف؟

نعم ☐   أحيانا ☐   لا ☐

13- هل توافق على هذه العبارة: حب المخاطرة والتجربة يجلبان المشكلات أكثر من الفوائد؟

نعم ☐   أحيانا ☐   لا ☐

التعليمات:

1- أعط لنفسك درجتين في حالة الإجابة بـ «نعم» ودرجة واحدة في حالة الإجابة بـ «أحيانا»، وصفرا في حالة الإجابة بـ «لا» عن جميع الأسئلة، ماعدا الأسئلة من 11 إلى 13 فأعط لنفسك صفر في حالة الإجابة بـ «نعم»، ودرجة واحدة في حالة الإجابة بـ «أحيانا»، ودرجتان في حالة الإجابة بـ «لا».

2- اجمع جميع درجاتك عن جميع الأسئلة.

التفسير والنتائج:

أ - إذا حصلت على 20 درجة فأكثر فأنت شخص مبتكر. ننصحك بالاستمرار على طريقتك نفسها في التعامل مع الواقع والمشكلات المحيطة بك.

لا تناقش أفكارك في مراحلها الأولى مع الأشخاص الذين يكثرون من النقد والتقييم. ولا تقلق بالنسبة إلي آراء الآخرين.

ب - إذا حصلت على 13 ـ 19 درجة فأنت مشروع شخص مبتكر. أنت على بداية طريق الابتكار. راجع الاستقصاء مرة أخرى لمعرفة لماذا أنت في بداية الطريق.

ج - إذا حصلت على 12 درجة فأقل فأنت شخص غير مبتكر. قد يكون السبب في ذلك أنت أو البيئة المحيطة بك أو الاثنين معا. سنقدم لك خبرة بعض العلماء لزيادة معدل الابتكار لديك.

ذكر بول تورنس في كتابه توجيه موهبة الابتكار أهمية:
1- مواجهة القلق والخوف.
2- الاستفادة من الفرص المختلفة للتعليم والمعرفة والاحتكاك.
3- تفادي التشتت والمساهمات.
4- تنمية المهارات إلي أقصى حد.
5- تقليل العزلة والغربة.
6- تعليم مواجهة الفشل والمواقف الصعبة.

ويرى روبرت سومسون في كتابه سيكولوجية التفكير ضرورة:
1- الاهتمام الجيد بالمبتكرين ورعايتهم.
2- احتضان الفكرة بصورة واعية من جانب الشخص.
3- تشجيع الإلمام الحسي.
4- خلق الدوافع للابتكار، فالحاجة أم الاختراع.

استقصاء: هل أنت مبدع؟

على الرغم من أن الإبداع Creation / Innovation يمثل حقيقة الوجود الحضاري للإنسان منذ أن خلقه اللـه على هذه الأرض، إلا أن بحث الظاهرة الإبداعية بالشكل العلمي جاء متأخرا إلى حد كبير.

يقول الكسندرو روشكا إن الإبداع عملية معقدة جدا، ذات وجوه وأبعاد متعددة. ولهذا يبدو من الصعب الوصول إلى تعريف لها، محدد ومتفق عليه.

ويشير عبد المعطي عساف إلى أن الإبداع ظاهرة إنسانية عامة وليست ظاهرة خاصة بأحد؛ فهو ليس حكرا على الخبراء والعلماء والأخصائيين. وقد لا يحتاج، وبخاصة في مراحله الأولى، إلى المعدات والإمكانات الكبيرة.. فأي إنسان عاقل وسوي تنطوي مقومات شخصيته على نويات أو عناصر إبداعية، بغض النظر عما إذا كان الفرد يعي ذلك أو لا يعيه.

وتختلف هذه المقومات والعناصر الإبداعية من شخص إلى آخر حسب الفطرة التي فطره اللـه عليها، وحسب الظروف البيئية التي يعيش في وسطها ويتفاعل معها.

وقد تعمل هذه الظروف على صقل وتنمية هذه العناصر الإبداعية أو قد تحبطها.. بمعنى أن الإبداع نتاج عوامل وراثية (موروثة) وعوامل بيئية (مكتسبة). إلا أنه في بعض الأحيان يكون للعوامل الوراثية دور مميز، وبخاصة في مجالات الإبداع الفني مثل: الرسم والغناء والموسيقى، تلك التي تحتاج إلى استعدادات خاصة.

ويمكن تحديد سمات الشخصية المبدعة في الآتي:

1- الثقة في النفس.

2- الطلاقة الفكرية (بمعنى إطلاق أو طرح أفكار عدة لموضوع واحد).

3- الطلاقة اللفظية.

4- الإطلاع الواسع.

5- القدرة على تقييم (وزن) الأفكار.

6- المخاطرة.

7- الأصالة.

8- المرونة.

9- المثابرة.

10- التفاني في العمل.

11- الاستقلال وعدم التبعية.

12- حب القراءة والإطلاع على كل جديد.

الاستقصاء:

1- هل تنظر إلى المشكلات باعتبارها تحديات إيجابية؟

نعـم ☐   أحيانا ☐   لا ☐

2- هـل تتصف بالمثابرة في معالجة الأمور؟

نعـم ☐   أحيانا ☐   لا ☐

3- هل تتصف بالمرونة في تفكيرك، ونظرتك إلى الأشياء؟

نعـم ☐   أحيانا ☐   لا ☐

4- هل تتخيل وتتأمل بعض الأمور، وتجد ذلك مفيدا بعد ذلك؟

نعـم ☐   أحيانا ☐   لا ☐

5- هل تحلم بالموضوعات التي تفكر بها؟

نعـم ☐   أحيانا ☐   لا ☐

6- هل تحب روح المغامرة والمخاطرة؟
نعـم ❑ أحيانا ❑ لا ❑

7- هل لديك ثقة في نفسك وفي قدراتك؟
نعـم ❑ أحيانا ❑ لا ❑

8- هل لديك القدرة على التفكير الشامل (بمعنى التفكير في الموضوع من أكثر من زاوية)؟
نعـم ❑ أحيانا ❑ لا ❑

9- هل تطرح أفكارا عدة عندما تتناول موضوعا واحدا؟
نعـم ❑ أحيانا ❑ لا ❑

10- هل تقيم أو تزين الأفكار التي طرحتها أو التي يطرحها الآخرون؟
نعـم ❑ أحيانا ❑ لا ❑

11- عندما تواجه موقفا أو مشكلة، هل تفكر فيها بعمق؟
نعـم ❑ أحيانا ❑ لا ❑

12- في أمور وموضوعات الحياة، هل لك آراء وأفكار عدة حولها؟
نعـم ❑ أحيانا ❑ لا ❑

13- هل مررت بمرحلة بزوغ أو إشراق لفكرة جديدة؟
نعـم ❑ أحيانا ❑ لا ❑

14- هل تجد متعة في القراءة والاطلاع على كل جديد بشكل يومي؟
نعـم ❑ أحيانا ❑ لا ❑

15- هل تسعى إلى الالتحاق بالبرامج والدورات التدريبية؟
نعـم ❑ أحيانا ❑ لا ❑

16- هل تنظر إلي المشكلات باعتبارها عقبات تؤثر سلبيا في تفكيرك؟
نعـم ❑ أحيانا ❑ لا ❑

17- هل اخترعت شيئا ولو صغيرا أو بسيطا؟

نعـم ❑ أحيانا ❑ لا ❑

18- هل حققت أي إبداع فني (رسم، شعر، قصة موسيقى، غناء، تمثيل،..) ولو على مستوى بسيط؟

نعـم ❑ أحيانا ❑ لا ❑

19- هل تحاول تطوير الأشياء أو الأجهزة الموجودة في منزلك أو عملك؟

نعـم ❑ أحيانا ❑ لا ❑

20- هل تحاول إصلاح الأجهزة المعطلة في منزلك؟

نعـم ❑ أحيانا ❑ لا ❑

21ـ هل تدخل مسابقات عن الإبداع، سواء فنية أم أدبية أم علمية؟

نعـم ❑ أحيانا ❑ لا ❑

التعليمات:

1- أعـط لنفسك درجتين في حالة الإجابة بـ «نعم» ودرجة واحدة في حالة الإجابة بـ «أحيانا»، وصفرا في حالة الإجابة بـ «لا» عن جميع الأسئلة، ماعدا الأسئلة من 11 إلى 13 فأعط لنفسك صفر في حالة الإجابة بـ «نعم»، ودرجة واحدة في حالة الإجابة بـ «أحيانا»، ودرجتان في حالة الإجابة بـ «لا».

2- اجمع جميع درجاتك عن جميع الأسئلة.

تفسير النتائج:

أ - إذا حصلت على 29 درجة فأكثر فأنت شخص مبدع. استمر على المنوال نفسه، مع تحذيرك من الغرور الذي يقل صاحبه.

ب- إذا حصلت على 15ـ 28 درجة فأنت على بداية طريق الإبداع، وتحتاج إلي مزيد من التركيز وبذل الجهد حتى تحقق معظم مقومات عملية الإبداع.

166

ج-   إذا حصلت على 14 درجة فأقل، فأنت شخص غير مبدع. وكثير من سمات الشخصية المبدعة غير متوافرة لديك. كل ما نستطيع أن نقوله لك أن الإبداع هو استعداد فطري لدى الأشخاص ينمى بالتدريب وتعلم المهارات والتعليم، وليس هناك مستحيل في تحقيق الأشياء.. فالإنسان وصل إلي القمر والمريخ عندما أراد ذلك وأصر عليه، مع أن ذلك كان حلما مستحيلا منذ سنوات عدة مضت.

استقصاء: ما مدى قدرتك على الإبداع والتفكير الابتكاري في عملك؟

في برنامج تدريبي عن «تطوير وتنمية المهارات الإبداعية والتفكير الابتكاري» وضع محمد محمد إبراهيم هذا الاستقصاء ليساعدك على تحديد مدى قدرتك الإبداع والتفكير الابتكاري في عملك. من أجل مساعدتك في تحديد مدى قدرتك في هذا الشأن يرجى توضيح وجهة نظرك في العبارات التالية إما موافق/ أو غير موافق/ أو غير متأكد أمام كل عبارة مع مراعاة الصدق إلى أقصى حد أثناء التعبير عن وجهة نظرك ولا تحاول أن تخمن الإجابة التي تعتقد أنها من المفروض أن تكون إجابة الشخص المبدع. وسوف يعطي لك الخبير الدرجة المخصصة لكل عبارة حسب إجابتك (موافق/ غير موافق/غير متأكد).

م	العبـــــارة	الرأي	الدرجة
1	أعلم دائما بقدر كبير من التأكد من أنني أتبع الإجراءات الصحيحة في حل المشكلات.		
2	يعتبر بالنسبة لي مضيعة للوقت أن أسأل الأسئلة لا يكون هناك أمل في الحصول على إجابات لها.		
3	على عكس معظم الناس أركز بشدة على ما يعنيني.		
4	أشعر بأن الأسلوب المنطقي خطوة بخطوة هو أفضل أساليب حل المشكلات.		
5	عندما أكون في جماعة فإنني من حين لآخر أبدي من الرأي ما يخالف غيري.		
6	أقضي وقتا طويلا أفكر في رأي الآخرين عني.		
7	أهتم بأن أفعل ما أراه أكثر من اهتمامي بكسب موافقة الغير.		
8	لا أحترم المترددين في حكمهم على الأمور.		
9	أميل أكثر من الآخرين إلى المشوق والمثير من الأمور.		

10	أعرف كيف أتحكم في انفعالاتي الداخلية.			
11	لدى القدرة على التصدي لحل المشكلات مهما طال أمدها.			
12	أفرد في الحماس عندما يقتضي الأمر ذلك.			
13	غالبا ما تأتيني الأفكار عندما لا أكون مهتما بفعل شئ بعينه.			
14	أعتمد على بصيرتي وشعوري بما هو صواب أو خطأ وأنا أسعى إلى حل مشكلة من المشكلات.			
15	عندما أكون بصدد حل مشكلة أعمل بسرعة في تحليلها وتقل سرعتي عندما أقوم بتربيط المعلومات التي جمعتها.			
16	في بعض الأحيان لا أنفذ اللوائح وأفعل أشياء لم يكن من المفروض أن أفعلها.			
17	أحب الهوايات التي تتضمن تجميع الأشياء.			
18	أحلام اليقظة كانت هي قوة الدفع لكثير من مشروعاتي الهامة.			
19	أحب الأشخاص الموضوعيين والعقلانيين.			
20	إذا أتيحت لي فرصة الاختيار بين عملين خلاف العمل الذي أقوم به الآن فأفضل أن أكون طبيبا عن أن أكون مكتشفا.			
21	أتعامل بصورة أكثر سهولة مع من يكونون من نفس فئتي الوظيفية والاجتماعية.			
22	أتمتع بدرجة عالية من الإحساس بالجمال.			
23	أحس أنني مساق إلى تحقيق مكانة عالية وسلطة في الحياة.			
24	أحب من هم شديدي التأكد من استنتاجاتهم.			
25	الإلهام لا يقدم حلا ناجحا للمشكلات.			
26	غاية ما يسعدني عندما أكون في مناقشة أن يصبح من هم على			

	خلاف معي في الرأي أصدقاء لي ولو كان ذلك على حساب التضحية بوجهة نظري.		
27	أهتم بطرح أفكار جديدة أكثر من اهتمامي بتسويقها (بيعها) للآخرين.		
28	أستمتع بقضاء يوم كامل وحدي أسترجع أفكاري وأتأملها.		
29	أميل إلى تجنب المواقف التي تشعرني بالنقص.		
30	عند تقييم المعلومات فالمصدر أهم عندي من المضمون.		
31	أشعر بالاستياء من الأشياء غير المؤكدة والتي يصعب التنبؤ بها.		
32	أحب من يتبعون قاعدة العمل قبل اللهو.		
33	احترام النفس أهم بكثير من احترام الغير.		
34	أشعر بأن الذين يسعون إلى الكمال ليسوا حكماء.		
35	أفضل العمل ضمن فريق عمل منفرد.		
36	أحب العمل الذي يجعلني أمارس التأثير على الآخرين.		
37	عديد من المشكلات التي تواجهني في الحياة لا يمكن التصميم على حلها بمفهوم الصواب والخطأ.		
38	من المهم بالنسبة لي أن أجد مكانا لكل شيء وأن يكون كل شيء في مكانه.		
39	الكتاب الذي يستخدمون ألفاظ غريبة وغير عادية يفعلون ذلك فقط لأنهم يميلون للاستعراض.		
40	فيما يلي قائمة بصفات يتصف بها الناس اختر عشرة منها تعتقد أنك تتميز بها أكثر من غيرها.		

العبـــــارة			الرأي	الدرجة
1- ذو طاقة متجددة	19- واقعي	37- كفء		
2- مقتنع	20- متفتح الذهن	38- خدوم		
3- قوي الملاحظة	21- لبق	39- مؤثر		
4- أنيق	22- محتشم	40- سريع الفهم		
5- واثق من نفسه	23- مبتكر	41- شجاع		
6- مثابر	24- رزين	42- متعمق		
7- مجدد	25- محب للتملك	43- مندفع		
8- حريص	26- عملي	44- حاسم		
9- أسير العادة	27- يقظ	45- واقعي		
10- واسع الحيلة	28- فضولي	46- متواضع		
11- محب لنفسه	29-منظم	47- متعاون		
12- مستقل	30- غير عاطفي	48- شارد الذهن		
13- صارم	31- واضح التفكير	49- مرن		
14- قادر على التنبؤ	32- متفهم	50- اجتماعي		
15- غير مهتم بالمشكلات	33- ديناميكي	51- محبوب		
16- متفاني	34- معتمد على نفسه	52- قلق		
17- غير مهتم بالشكليات	35- حاد الملاحظة			
18- ذو نظرة مستقبلية	36- حسن الطباع			

والآن كيف يمكنك الحكم على مستوى قدرتك الابتكارية؟

بعد الانتهاء من جمع درجات إجابتك على العبارات السابقة كيف يمكن الحكم على مستوى قدرتك على الإبداع والتفكير الابتكاري؟ كيف يمكنك الحكم على مستويات التفكير الابتكاري من خلال مقارنة المجموع الذي حصلت عليه بالتقديرات التالية:

1- إذا حصلت على أقل من 10 درجات فأنت غير مبدع.

2- إذا حصلت على 10 إلى أقل من 40 درجة فأنت أقل من المتوسط.

3- إذا حصلت على 40 إلى أقل من 65 درجة فأنت متوسط.

4- إذا حصلت على 65 إلى أقل من 95 درجة فأنت فوق المتوسط.

5- إذا حصلت على 95 إلى أقل من 117 درجة فأنت مبدع جدا.

6- إذا حصلت على أكثر من 117 درجة فأنت مبدع بدرجة غير عادية.

مقياس مهارات الإبداع

في كتابه «من عضلات مخك» وضع طارق محمد السويدان هذا المقياس ليساعدك على قياس مهارات الإبداع لديك.

فيما يلي خمسون عبارة اقرأ كل واحدة منها بعناية مقررا مدى انطباقها عليك شخصيا، ويمثل هذا التمرين مقياسا لمهارات الإبداع.

1- لا تحاول تخمين كيف سيجيب الشخص المبدع، بل ضع إجابتك أنت بصدق فالتقييم منك ولك.

2- ليس هناك وقت محدد لهذا الاختبار، ولكن يفضل أن تكتب أول إجابة تخطر ببالك فهي الحقيقة في الغالب.

3- بعد العبارة الخمسين هناك إرشادات لحساب الدرجات فلا تنظر إليها إلا بعد انتهائك من العبارات.

م	العبـــــــارة	موافق تماما	موافق	موافق إلى حد ما	غير موافق	غير موافق تماما
		أ	ب	ج	د	هـ
1	أعمل دائما وأنا واثق أنني أتبع الإجراءات الصحيحة لحل المشكلة التي تواجهني.					
2	من مضيعة الوقت أن أسأل أسئلة لا أتوقع لها إجابات صريحة أو صحيحة.					
3	أعتقد أن المنهج المنطقي والمتدرج هو أفضل الوسائل لحل المشاكل.					
4	أحيانا أعبر عن آراء تزعج بعض الناس					
5	أحرص كثيرا على معرفة تقييم الآخرين لي.					

6	أشعر بأن لدي مساهمة خاصة أقدمها للعالم.					
7	أن أعمـل مـا أؤمـن بـه أهـم عنـدي مـن أن أحـاول أن أكسب رضا الآخرين.					
8	الذين يعملـون وكـأنهم متأكـدون مـن الأمـور يفقـدون احترامي.					
9	أستطيع التعامل مع المشاكل الصعبة لفترات طويلة.					
10	أحيانا أتحمس بشكل غير طبيعي تجاه بعض الأمور.					
11	كثيرا ما أحصل على أفضل عنـدما أكـون خاليـا لا أعمـل شيئا.					
12	أعتمد على أحاسيسي الداخلية عند المبادرة لحل مشكلة ما.					
13	عند حل مشكلة ما، أبـدأ بـبطء عنـد تجميـع وتصـنيف المعلومـات التـي حصـلت عليهـا ولكننـي أعمـل بشـكل أسرع عند حلها.					
14	أحب الهوايات التي تتعلق بجمع الأشـياء مثـل الطوابـع أو النقود وأستمتع بترتيبها حسب الحجـم أو التـاريخ أو غيره.					
15	أسرح أحيانا وأنسى كل مـا حـولي وأنـا أفكـر في مشرـوع هام.					

16	لو كان لي من الأمر أن أختار، فأفضل أن أكون طبيبا أعالج الناس على أن أكون رحالة يستكشف الأرض.					
17	أستطيع التعامل بسهولة مع الناس إذا كانوا ينتمون إلى نفس الطبقة الاقتصادية والاجتماعية التي أنتمي إليها.					
18	لدي قدر عال من الإحساس بجمال الأشياء.					
19	الأحاسيس الداخلية لا يعتمد عليها في حل المشاكل.					
20	يهمني أن أقدم أفكارا جديدة أكثر من اهتمامي بمحاولة الحصول على موافقة الآخرين عليها					
21	أميل إلى تجنب المواقف التي تشعرني بأنني غريب في نظر الآخرين.					
22	عند تقييم المعلومات تهمني مصادرها أكثر من مضمونها.					
23	أفضل الذين يتبعون الشعار القائل (العمل قبل التسلية).					
24	احترام الذات أكثر أهمية من احترام الآخرين.					
25	أشعر بأن الذين يسعون نحو تحقيق الكمال أشخاص غير حكماء.					
26	أحب العمل الذي أؤثر فيه على الآخرين.					

27	من المهم بالنسبة لي أن يكون هناك مكان لكل شيء وأن يكون كل شيء في مكانه الصحيح.					
28	الذين لديهم الرغبة لتبني الأفكار الغريبة أشخاص غير عمليين.					
29	أستمتع بقضاء الوقت بالتأمل في الأفكار الجديدة ولو لم يكن هناك فائدة عملية ترجى من وراء هذا التفكير					
30	عندما لا تثمر طريقة ما في حل مشكلة.. أستطيع أن أغير طريقة تفكيري بسرعة.					
31	لا أحب طرح أسئلة تظهر جهلي.					
32	أستطيع تغيير رغباتي لتتناسب مع العمل الذي أقوم به أكثر من قدرتي على تغيير الوظيفة لتتناسب مع رغباتي.					
33	طرح الأسئلة الخاطئة قد يؤدي إلى العجز عن حل المشكلة.					
34	أستطيع في كثير من الأحيان توقع الحل للمشاكل التي تواجهني وكثيرا ما يصدق تحليلي.					
35	من المضيع للوقت تحليل التجارب الفاشلة والأفضل التركيز على المستقبل.					
36	لا يلجأ إلى الاستعارات والتشبيهات إلا الأدباء، أما المفكرون فيميلون للوضوح والطرح المباشر.					

37	أحيانا أستمتع بمشاهدة الحيل العبقرية للمجرمين في التمثيليات التليفزيونية (أو في قراءة القصص البوليسية) لدرجة إنني كنت أرجو بيني وبين نفسي- أن لا يقبض عليهم.					
38	أحيانا كثيرة أبدأ العمل لحل مشكلة ما قبل أن أحددها أو أعبر عنها.					
39	أحيانا كثيرة أنسى الأشياء مثل أسماء الناس والشوارع والطرق والمدن الصغيرة... إلخ.					
40	أشعر بأن العمل الشاق هو العامل الأساسي للنجاح.					
41	اعتباري عضوا مقبولا في الفريق أمر مهم لي.					
42	أعرف كيف أضبط مشاعري الداخلية دائما.					
43	اعتبر نفسي شخصا مسئولا ويعتمد عليه.					
44	أكره الأمور الغامضة وغير المتوقعة.					
45	أفضل العمل مع الآخرين كجهد جماعي على العمل الفردي.					
46	تكمن المشكلة عند كثير من الناس في أنهم يأخذون الأمور بجدية أكثر من اللازم.					
47	أفكر كثيرا في مشاكلي ولا أستطيع التوقف عن التفكير فيها.					
48	الكسب السريع والراحة ليس مهما والأهم هو تحقيق أهدافي.					

49	لو كنت أستاذا جامعيا لقمت بالتدريس في المقررات المبنية على الحقائق وليست تلك التي تعني بالأفكار النظرية.					
50	إنني أفكر كثيرا في لغز الحياة وأسرار الكون والخلق.					

إرشادات

1- مقابل كل سؤال ضع دائرة حول درجتك تحت الحرف الذي اخترته مثال: في السؤال 46 إذا كنت اخترت (د) فضع دائرة حول ـ1

2- عند الانتهاء من وضع الدوائر احسب درجتك النهائية (الدرجات بالسالب تخصم من الدرجات بالموجب)، قم بعملية شطب الدرجات المتناقضة ثم اجمع درجتك النهائية.

3- تجد بعد ذلك تحليلا للقياس وشرحا لصفات المبدعين.

م	(أ) أوافق بشدة	(ب) أوافق	(ج) أوافق إلى حد ما	(د) لا أوافق	(هـ) لا أوافق بشدة
1	2-	1-	صفر	1+	2+
2	2-	1-	صفر	1+	2+
3	2-	1-	صفر	1+	2+
4	2+	1+	صفر	1-	2-

2+	1+	صفر	1-	-	5
2-	1-	صفر	1+	2+	6
2-	1-	صفر	1+	2+	7
2-	1-	صفر	1+	2+	8
2-	1-	صفر	1+	2+	9
2-	1-	صفر	1+	2+	10
2-	1-	صفر	1+	2+	11
2-	1-	صفر	1+	2+	12
2-	1-	صفر	1+	2+	13
2+	1+	صفر	1-	2-	14
2-	1-	صفر	1+	2+	15
2+	1+	صفر	1-	2-	16
2+	1+	صفر	1-	2-	17
2-	1-	صفر	1+	2-	18
2+	1+	صفر	1-	2-	19
2-	1-	صفر	1+	2+	20
2+	1+	صفر	1-	2-	21
2+	1+	صفر	1-	2-	22
2+	1+	صفر	1-	2-	23
2-	1-	صفر	1+	2+	24
2+	1+	صفر	1-	2-	25
2-	1-	صفر	1+	2+	26
2+	1+	صفر	1-	2-	27

2+	1+	صفر	1-	2-	28
2-	1-	صفر	1+	2+	29
2-	1-	صفر	1+	2+	30
2+	1+	صفر	1-	2-	31
2+	1+	صفر	1-	2-	32
2-	1-	صفر	1+	2+	33
2-	1-	صفر	1+	2+	34
2+	1+	صفر	1-	2-	35
2+	1+	صفر	1-	2-	36
2-	1-	صفر	1+	2+	37
2-	1-	صفر	1+	2+	38
2-	1-	صفر	1+	2+	39
2-	1-	صفر	1+	2+	40
2+	1+	صفر	1-	2-	41
2+	1+	صفر	1-	2-	42
2+	1+	صفر	1-	2-	43
2+	1+	صفر	1-	2-	44
2+	1+	صفر	1-	2-	45
2-	1-	صفر	1+	2+	46
2-	1-	صفر	1+	2+	47
2-	1-	صفر	1+	2+	48
2+	1+	صفر	1-	2-	49
2-	1-	صفر	1+	2+	50

المجمــوع	

مستوى الإبداع	مجموع درجاتك
شخص متميز في الإبداع	من +71 إلى 100
شخص مبدع جدا	من +41 إلى +70
شخص مبدع	من +11 إلى +40
شخص متوسط الإبداع	من -20 إلى +10
شخص ضعيف الإبداع	من -50 إلى -21
شخص غير مبدع	من -75 إلى -51
شخص مقاوم للإبداع	من -76 إلى -100

المصادر والمراجع

_____

📖   أولا: المصــــادر.

📖   ثانيا: المراجع العربية.

📖   ثالثا: المراجع الأجنبية.

أولا: المصادر

1- القرآن الكريم

2- الأحاديث النبوية الشريفة

ثانيا: المراجع العربية

1- إبراهيم حلمي عبد الرحمن: **هل يمكن وضع معالم لسياسة تكنولوجية قومية؟** (القاهرة: جامعة القاهرة، مركز بحوث التنمية والتخطيط التكنولوجي، 1981).

2- أسامة فهمي جلال: **البرنامج التدريبي: تنمية الابتكار** (القاهرة: توتاليتي، 1999).

3- أسامة فريد: **البرنامج التدريبي: كيف تنمي قدراتك الابتكارية** (القاهرة: المجموعة الاستشارية العربية، 1995).

4- الدار العربية للاستشارات: **البرنامج التدريبي مهارات الإبداع والابتكار في العمل** (الكويت: الدار العربية للاستشارات، 2007).

5- الكسندر روشكا: **الإبداع العام والخاص**، ترجمة د. غشان عبد الحي أبو الفخر، الكويت، مجلة عالم المعرفة، رقم 144، 1989م.

6- أنا كرافت: **الإبداع في مرحلة الطفولة المبكرة** ترجمة لجنة التأليف والترجمة، مراجعة محمد جهاد جمل (غزة: دار الكتاب الجامعي، 2006).

7- أنطونيوس كرم: **العرب أمام تحديات التكنولوجيا**، الكويت، مجلة عالم المعرفة، رقم 59، 1982م.

8- جامعة الدول العربية: **ندوة تربية الطفل في السنوات الأولى**، (الخرطوم: إدارة الطفولة، 1997م).

9- جارث مورجان: **نظرية المنظمة المبدعة**، ترجمة محمد منير الأصبحي ومراجعة عبد العزيز بن شافي العتيبي (الرياض: معهد الإدارة العامة، 2005).

10- جمال عبد الجواد: "المعوقات الثقافية للتطوير التكنولوجي"، مقال في **جريدة الأهرام**، القاهرة: في 1983/2/18م.

11- جمعية إدارة الأعمال العربية: **برنامج تدريبي عن تنمية القدرات الابتكارية** (القاهرة: جمعية إدارة الأعمال العربية، 2003).

12- جودت سادة: "الأهداف التعليمية للدراسات الاجتماعية"، **مجلة العلوم الاجتماعية**، الكويت، 1983م.

13- جيمس هينجز: **100 طريقة إبداعية لحل المشكلات الإدارية**، ترجمة مركز الخبرات المهنية للإدارة (القاهرة: بميك، 2001).

14- حامد الفقي: "الموهبة العقلية بين صدق النظرية والتطبيق"، **مجلة العلوم الاجتماعية**، الكويت، 1983م.

15- حامد عبد السلام زهران: **علم النفس الاجتماعي** (القاهرة: عالم الكتب، 1978).

16- حسن أحمد الطعاني: **التدريب مفهومه وفعالياته** (الأردن: دار الشروق للنشر والتوزيع، 2002).

17- حسن أحمد عيسى: **سيكولوجية الإبداع** (طنطا: مكتبة الإسراء، 1993).

18- حسن محمد خير الدين وآخرون: **العلوم السلوكية** (القاهرة: مكتبة عين شمس، 2000).

19- حلمي المليجي: **سيكولوجية الابتكار** (القاهرة: دار المعارف، 1968).

20- حيدر بابكر: **الطرق العملية لحل المشكلات** (الرياض: دار طويق للنشر والتوزيع، 2005).

21- خليفة المحرزي: **البرنامج التدريبي: الابتكار والإبداع في العملية الإدارية** (أبو ظبي: تقنيات للتدريب والاستشارات، 2007).

22- دانييل جولمان: **الذكاء العاطفي**، ترجمة ليلى الجبالي، سلسلة عالم المعرفة، المجلس الوطني للثقافة والفنون والآداب، العدد 262، الكويت: 2000.

23- دونالد هـ ويز: **طرق مبتكرة في حل المشكلات**، ترجمة شويكار زكي (القاهرة: مجموعة النيل العربية، 2000).

24- ديفيد ويكس: **المخ البشري**، ترجمة مصطفى كمال (دبي: منشورات مؤسسة البيان للصحافة، بدون تاريخ).

25- روبرت مولر: **الابتكارية**، ترجمة حسن حسين فهمي (القاهرة: دار المعرفة، 1966).

26- زهير ثابت: **البرنامج التدريبي: تنمية القدرات الابتكارية** (القاهرة: ميج، 1998).

27- زين العابدين درويش: **تنمية الإبداع منهجه وتطبيقه** (القاهرة: دار المعارف، 1983).

28- سعد الدين خليل عبد الله: **تنمية القدرات الإبداعية** (القاهرة: المؤلف، ط4، 2007).

29- سمير سالم الميلادي وحنان مدحت سراج: **رياض الأطفال في الوطن العربي الواقع والمستقبل** (القاهرة: المجلس العربي للطفولة والتنمية، 1989).

30- شركة الخبرات الدولية المتكاملة: **برنامج تدريبي عن الذكاء الإداري والوجداني** (القاهرة: توتاليتي، 2003).

31- شركة الخبرات الدولية المتكاملة: **برنامج تدريبي عن تنمية القدرات الابتكارية** (القاهرة: توتاليتي، 2003).

32- طارق محمد السويدان: **مرن عضلات مخك** (الرياض: قرطبة للنشر والتوزيع، 2004).

33- عارف السويدي: **البرنامج التدريبي الابتكار والإبداع في العملية الإدارية** (أبو ظبي: مركز الفريق المتميز للتدريب والاستشارات، 2007).

34- عبد الباسط محمد حسن: **بناء الإنسان في مرحلة الإسلام** (القاهرة: مركز دراسات المرأة والتنمية، جامعة الأزهر، 1979).

35- عبد الحليم محمود السيد: **الإبداع والشخصية** (القاهرة: دار المعارف، 1971).

36- عبد الحليم محمود السيد: **الإبداع** (القاهرة: دار المعارف، مجموعة كتابك، العدد 154، 1977).

37- عبد الرحمن توفيق: **البرنامج التدريبي تنمية القدرات الابتكارية** (القاهرة: مركز الخبرات المهنية للإدارة "بميك"، 2003).

38- عبد الرحمن محمد العيسوي: "الخيال العلمي والفني"، **مجلة التربية**، اللجنة الوطنية القطرية للتربية والثقافة والعلوم، السنة 27، العدد 125، الدوحة: يونيو 1998).

39- عبد الستار إبراهيم: **الإبداع قضاياه وتطبيقاته** (القاهرة: دار المعارف، 1999).

40- عبد الفتاح الشربيني وأحمد فهمي جلال: **أساسيات الإدارة** (الجيزة: كلية التجارة، جامعة القاهرة، ط2، 1997).

41- عبد المنعم شوقي: **محاضرات عن التفكير الابتكاري**، محاضرات للسنة الثانية دكتوراه، غير منشورة، كلية الخدمة الاجتماعية، جامعة حلوان، القاهرة: 1983م.

42- علي الحمادي: **حقنة الإبداع** (بيروت: دار ابن حزم، 1999).

43- علي السلمي: **السلوك الإنساني في الإدارة** (القاهرة: مكتبة غريب، بدون تاريخ).

44- علي راشد: **تنمية قدرات الابتكار لدى الأطفال** (القاهرة: دار الفكر العربي، 1996).

45- علي غانم الطويل: **الشخصية المغناطيسية** (بيروت: دار ابن حزم، 2000).

46- علي محمد عبد الوهاب وآخرون: **إدارة الموارد البشرية** (القاهرة: كلية التجارة، جامعة عين شمس، 2001).

47- فان دالين: **مناهج البحث في التربية وعلم النفس**، ترجمة محمد نبيل نوفل وآخرين (القاهرة: مكتبة الأنجلو المصرية، 1977).

48- فتحي عبد الرحمن جروان: **الإبداع** (الأردن: دار الفكر للطباعة والتوزيع، 2002).

49- فخري لبيب: **مجلة العربي الكويتية**، الكويت: إبريل 1998.

50- فؤاد أبو حطب: **القدرات العقلية** (القاهرة: مكتبة الأنجلو المصرية، 1980).

51- فؤاد البهي السيد: **الذكاء** (القاهرة: دار الفكر العربي، ط4، 1976).

52- فؤاد زكريا: التفكير العلمي، **مجلة عالم المعرفة**، رقم 1، الكويت: 1978م.

53- فؤاد محمد شبل: **الشخصية المصرية وأثرها السياسي والحضاري** (القاهرة: الجمعية المصرية للدراسات التاريخية، 1973).

54- كيسل نيل: **العبقرية وتاريخ الفكرة**، ترجمة محمد عبد الواحد محمد، سلسلة عالم المعرفة، الكويت: 1996.

55- محمد أبو العلا أحمد: **علم النفس العام** (الجيزة: جامعة القاهرة، 1996).

56- محمد أحمد هيكل: **مهارات التعامل مع الناس** (القاهرة: مجموعة النيل العربية، 2006).

57- محمد المحمدي ومبروك عبد المولى الهواري: **السلوك التنظيمي** (القاهرة: ط2، 2003).

58- محمد خالد الطحان: **مبادئ الصحة النفسية** (دبي: دار القلم، ط3، 1992).

59- محمد محمد إبراهيم: **البرنامج التدريبي تطوير وتنمية المهارات الإبداعية والتفكير الابتكاري** (القاهرة: وزارة القوى العاملة والهجرة، 2007).

60- محمود الزيادي: **أسس علم النفس العام** (القاهرة: مكتبة الأنجلو المصرية، 1980).

61- محمود أمين العالم: **الإبداع والدلالة** (القاهرة: دار المستقبل، 1997).

62- مدينة الشارقة للخدمات الإنسانية: «معاقون مبدعون»، **مجلة المنال**، العدد 165، الشارقة: يوليو / أغسطس 2002.

63- مدحت محمد أبو النصر: «معوقات ومشجعات الابتكار في الوطن العربي»، **مجلة ثقافة الطفل**، المركز القومي لثقافة الطفل، وزارة الثقافة، المجلد رقم 6، القاهرة: 1991.

64- مدحت محمد أبو النصر: «باب استقصاء»، **مجلة الرياضة والشباب**، مؤسسة البيان للصحافة، الأعداد من 810 إلى 831، دبي: 1996-1997.

65- مدحت محمد أبو النصر: «باب اعرف نفسك»، **مجلة الشروق**، مؤسسة الخليج للصحافة، الأعداد من 271 إلى 335، الشارقة: 1997-1998.

66- مدحت محمد أبو النصر: «باب عالم الأعمال والإدارة»، **مجلة الإمارات اليوم**، مؤسسة البيان للصحافة، أعداد متنوعةى، دبي: 1998.

67- مدحت محمد أبو النصر: «تنمية الذات المهنية للأخصائيين الاجتماعيين في المجال المدرسي من منظور طريقة تنظيم المجتمع»، **مجلة كلية الآداب بجامعة حلوان**، العدد الخامس، القاهرة: يناير 1999.

68- مدحت محمد أبو النصر: **الخدمة الاجتماعية الوقائية** (دبي: دار القلم، ط2، 2002).

69- مدحت محمد أبو النصر: **اكتشف شخصيتك وتعرف على مهاراتك في الحياة والعمل** (القاهرة: إيتراك للطباعة والنشر والتوزيع، 2002).

70- مدحت محمد أبو النصر: **البرنامج التدريبي تنمية القدرات الابتكارية** (القاهرة: الدار العربية للاستشارات، أكتوبر 2003).

71- مدحت محمد أبو النصر: **البرنامج التدريبي مهارات الاتصال الفعال** (القاهرة: بميك، 2003).

72- مدحت محمد أبو النصر: **تأهيل ورعاية متحدي الإعاقة** (القاهرة: إيتراك للطباعة والنشر والتوزيع، 2004).

73- مدحت محمد أبو النصر: **تنمية القدرات الابتكارية لدى الفرد والمنظمة** (القاهرة: مجموعة النيل العربية، 2004).

74- مدحت محمد أبو النصر: **الإدارة بالحب والمرح** (القاهرة: إيتراك، 2007).

75- مدحت محمد أبو النصر: **البرنامج التدريبي المهارات الفكرية والإبداع في العمل** (القاهرة: الدار العربية، 2007).

76- مدحت محمد أبو النصر: **الاتجاهات المعاصرة في تنمية وإدارة الموارد البشرية** (القاهرة: مجموعة النيل العربية، 2007).

77- مدحت محمد أبو النصر: **أساسيات علم ومهنة الإدارة** (القاهرة: مكتبة دار السلام، 2007).

78- مدحت محمد أبو النصر: **إدارة الذات** (القاهرة: دار الفجر، 2008).

79- مدحت محمد أبو النصر: **إدارة الوقت** (القاهرة: المجموعة العربية للتدريب والاستشارات، 2008).

80- مدحت محمد أبو النصر: **إدارة العملية التدريبية** (القاهرة: دار الفجر، 2008).

81- مدحت محمد أبو النصر: **الاتجاهات المعاصرة في ممارسة الخدمة الاجتماعية الوقائية** (القاهرة: مجموعة النيل العربية، 2008).

82- مدحت محمد أبو النصر: **إدارة الجودة الشاملة في مجال الخدمات** (القاهرة: مجموعة النيل العربية، 2008).

83- مركز الخبرات المهنية للإدارة: **البرنامج التدريبي طرق مبتكرة في حل المشكلات** (القاهرة: بميك، 2003).

84- مركز الخبرات المهنية للإدارة: **برنامج تدريبي عن الذكاء العاطفي للإدارة العليا** (القاهرة: بميك، 2003).

85- مصطفى عبده: **دور العقل في الإبداع** (القاهرة: الهيئة المصرية العامة للكتاب، 2001).

86- هادي المدرسي: **كيف تكسب قوة الشخصية** (بيروت: الدار العربية للعلوم، 2005).

87- هيرمان إيمان: **الاسترخاء المبدع** (الرياض: مكتبة العبيكان، 2005).

88- نعمات أحمد فؤاد: **شخصية مصر** (القاهرة: الهيئة المصرية العامة للكتاب، 1978).

ثالثا: المراجع الأجنبية:

1- Abo El Nasr, Medhat: **Social Work Practice & Political Parties at the Local Level in Egypt** (U.K.: Cardiff, School of Social Work, University of Wales, Doctoral Dissertation, Unpublished, 1989).

2- Abo El Nasr, Medhat: **The Political Participation of Egyptian Women** (Cairo: The Institute of National Planning, Memo No. 1511, Jan2 1990).

3- Anna Craft: **Study of Imagination** (London: University of London, 1988).

4- Anna Craft: **Creativity and Early Years Education** (London: University of London, 2002).

5- Arthur VanGundy: **Creative Problem Solving** (N.Y. Quorum, 1987).

6- Carl E. Gregory **The Management of Intelligence** (N.Y. McGraw-Hill, 1982).

7- Edward De Bono: **The Use of Lateral Thinking** (Harmondswonh: Penguin, 1967).

8- Edward De Bono: **The Six Thinking Hats** (Boston: Reston Publications, 1985).

9- E.P. Torrance: **Torrance Test of Creativity** (Princeton: Personnel Press, 1966).

10- Eyseneck, H.J.: **Ginius, The Natural History of Creativity** (Cambridge: University Press, 1995).

11- Gray A. Steiner: **The Creative Organization** (Chicago: University of Chicago, 1965).

12- Harper, Malcom: **Projects For The Poor** (Germany: GTZ, Intermediate Technology, 1984).

13- Hoord Gardner: **Frames of Mind: The Theory of Multiple Intelligences** (London: William Heinemann Ltd., 1983).

14- Hoord Gardner: **Multiple Intelligences: The Theory in Practice** (N.Y.: Harper – Collins Inc., 1993).

15- James & Evans: **Creative Thinking in The Decision & Management Sciences** (U.S.A.: South-Western Publishing Co., 1991).

16- James M. Utterback: **Mastering The Dynamic of Innovation** (Boston: Harvard Business School Press, 1994).

17- J. Murray: **Motivation and Emotion** (N.Y.: Prentice – Hall Inc., 1964).

18- John Patrick: **Training, Research and Practice** (London: Academic Press. Ltd. 4th. ed., 2003).

19- Marcus Buckingham: **The One Thing You Need to Know** (London: Pocket Books Business, 2005).

20- Mejia, Gomez & et. al.,: **Managing Human Resources** (N.J.: Prentice Hall, 3rd. ed., 2003).

21- Michael Le Gault: **Think** (N.Y.: Threshold Editions, 2006).

22- Moi Ali & Others: **Successful Manager's Handbook** (London: Darling Kindersley, 2002).

23- Olmsted, Paul Thare: **The Small Groups** (N.Y. Random House, 2d ed., 1978).

24- Prince, G.M.: **The Practice of Creativity** (N.Y.: Harper Publishers, 1970).

25- Ragab, Ibrahim. A.: **"Islam and Development"**, in the World Development Journal, Vol.8, No. 7-8, 1980, PP. 513-521.

26- Ragab, Ibrahim. A. **"Some Social Welgare Policy Issues Egypt"**. In the International Social Work Journal, Vol. Xxi, No.1, 1982, PP. 18-25.

27- Robert Rosen & Paul Brown: **Leading People: The Eight Proven Principles for Success in Business** (U.S.A.: Penguin Group Inc., 2nd. Ed., 2000).

28- Rondey Nabier: **Group Theory and Experiences** (N.Y.: Mifflin Co., Inc., 3rd. ed., 2003).

29- Severin, Warner & Takard, James: **Communication Theories** (N.Y.: Longman, 4th. ed., 2003).

30- Simon Majaro: **The Creative Cap** (U.K.: Longman, 1988).

31- Simonton, D.K.: **Greatness, Who Makes History and Why** (N.Y.: Guilford, Press, 1994).

32- Spitzer, Dean: **Concept Formation and Learning in Early Childhood,** (Ohio: Charles Merrill Publishing Co., 1977).

33- Thomoson, Robert: **The Psychology of Thinking,** (England: Penguin Books, Reprinted, 1972).

34- Vogel, Ezra. F.: **Japan As Number One, Lessons for America** (New Work: 1980).

35- Weiss Donald H.: **Creative Problem Solving** (N.Y.: AMACOM, 1988).

36- Weiss, Donald H.: **Managing Stress** (N.Y.: AMACOM, 1987).

37- Weiss, Donald: **Get Organized, How to Control your life through self management** (N.Y.: AMACOM, 1986).